Feminismus und Glaube

Unterscheidung
Christliche Orientierung
im religiösen Pluralismus

Herausgegeben von
Reinhart Hummel und Josef Sudbrack

Reinhart Hummel, Reinkarnation
Josef Sudbrack, Mystik
Wolfram Janzen, Okkultismus
Bernhard Wenisch, Satanismus
Thomas Broch, Pierre Teilhard de Chardin
Siegfried Böhringer, Astrologie
Bruno Heller, Krise des Denkens
Hans Joachim Türk, Postmoderne
Raimar Keintzel, C. G. Jung
Elisabeth Schneider-Böklen /
Dorothea Vorländer, Feminismus und Glaube

Elisabeth Schneider-Böklen /
Dorothea Vorländer

Feminismus und Glaube

Matthias-Grünewald-Verlag Mainz
Quell Verlag Stuttgart

Zur Reihe „Unterscheidung"

Wo christlicher Glaube lebt, lebt auch der Mut zum Unterscheiden. Die Autoren und Autorinnen dieser Reihe möchten in verständlicher Sprache eine begründete und sachgerechte Darstellung der verschiedenen Phänomene im Umkreis des New Age und der neuen religiösen Bewegungen geben und Hilfen zur „Unterscheidung der Geister" anbieten. Diese Auseinandersetzung soll in der Achtung vor fremder Religiosität geschehen und in der Bereitschaft, zu lernen und sich selbst zu korrigieren.

Die Herausgeber Reinhart Hummel und Josef Sudbrack sind Mitglieder der beiden großen christlichen Konfessionen. Um zu unterstreichen, daß die christlichen Kirchen dieser Herausforderung nur zusammen begegnen können, erscheint diese Reihe gemeinsam im Matthias-Grünewald-Verlag, Mainz, und im Quell Verlag, Stuttgart.

Die Deutsche Bibliothek – CIP-Einheitsaufnahme

Schneider-Böklen, Elisabeth:
Feminismus und Glaube / Elisabeth Schneider-Böklen; Dorothea Vorländer. – Mainz: Matthias-Grünewald-Verl.; Stuttgart: Quell Verl., 1991
  (Unterscheidung)
  ISBN 3-7867-1579-3 (Matthias-Grünewald-Verl.)
  ISBN 3-7918-2281-0 (Quell Verl.)
NE: Vorländer, Dorothea:

© 1991 Matthias-Grünewald-Verlag, Mainz
© 1991 Quell Verlag, Stuttgart

Das Werk einschließlich aller seiner Teile ist urheberrechtlich geschützt. Jede Verwertung außerhalb der engen Grenzen des Urheberrechtsgesetzes ist ohne Zustimmung des Verlags unzulässig und strafbar. Das gilt insbesondere für Vervielfältigungen, Übersetzungen, Mikroverfilmungen und die Einspeicherung und Verarbeitung in elektronischen Systemen.

Umschlag: Peter Offenberg Grafik
Abbildung: „Maria und Elisabeth – Gewaltige stürzt er vom Throne". Motiv aus dem Misereor-Hungertuch „Biblische Frauengestalten – Wegweiser zum Reich Gottes" von Lucy D'Souza. – © 1990, Misereor-Vertriebsgesellschaft mbH, Aachen
Gesamtherstellung: Georg Aug. Walter's Druckerei GmbH,
6228 Eltville im Rheingau

Inhalt

Vorwort 7

I. Gesellschaftliche und ökonomische Voraussetzungen der neuen Frauenbewegung 9

II. Die Situation der Frauen in den großen Kirchen 15
  1. Erklärungen zur Situation der Frauen in Kirche und Gesellschaft 16
    a. Der Ökumenische Rat der Kirchen 16
    b. Die EKD-Studie „Die Frau in Familie, Kirche und Gesellschaft" von 1979 19
    c. Der Beschluß der EKD-Synode von 1989 20
    d. Amtliche Erklärungen der römisch-katholischen Kirche zur Stellung der Frauen in Kirche und Gesellschaft 21
  2. Die Frage der Ordination von Frauen 23

III. Darstellung der feministischen Theologie 29
  1. Feministische Theologie als gelebte Theologie 29

  2. Beispiele feministischer Liturgie 34
    a. Kyrie, Wechselgesang, Kerzensegen 34
    b. Nonverbale liturgische Formen: Tanz und Rituale 38

  3. Vertreterinnen feministischer Theologie 45
    a. Biblisch-feministische Richtung 46
      Virginia R. Mollenkott 46
    b. Feministische Kirchengeschichtsforschung 48
      Elisabeth Gössmann und die feministische Kirchengeschichtsforschung 48
      Exkurs: Die historischen Hexenverfolgungen in feministisch-theologischer Sicht 50
    c. Befreiungstheologische Richtung 53
      Elisabeth Schüssler Fiorenza 56
      Luise Schottroff 58
      Dorothee Sölle 61
      Catharina J.M. Halkes 63

Elisabeth Moltmann-Wendel	66
Rosemary Radford Ruether	70
d. Auf der Grenze: tiefpsychologische und matriarchalische Richtung	76
Mary Daly als Auslöserin	76
Christa Mulack	79
Hildegunde Wöller	81
Gerda Weiler, Das Matriarchat im Alten Testament	83
Elga Sorge	95
Jutta Voss	100
Exkurs: Maria in der feministischen Theologie	106
Exkurs: Lesbische Beziehungen als Problem feministischer Theologie	113

IV. Die feministische Theologie im Licht der christlichen Tradition 117

   1. Susanne Heine: Kritische Aufnahme und und Verarbeitung 117

   2. Methodenkritik 120

   3. Kritische Würdigung der tiefenpsychologischen Richtung 121
      Exkurs: C. G. Jung und die feministische Theologie 121

   4. Feministische Gedanken als Anfragen an den christlichen Glauben 125
      a. Gotteslehre 125
      b. Christologie 127
      c. Der Heilige Geist 132
      d. Die Quellen des Glaubens, Schrift und Tradition 133
      e. Menschenbild 136

Schlußüberlegungen 140

Literaturverzeichnis 142

Bibelstellenregister 145

Namensregister 146

Sachregister 147

Vorwort

Feministische Theologie – für viele evangelische und katholische Christinnen und Christen ist dieser Begriff ein „Reizwort". Die Reaktionen darauf reichen vom milden Achselzucken bis hin zu schärfster Ablehnung. Aber ebenso ist die feministische Theologie für viele, besonders für Frauen, ein Wort der Hoffnung, ein Feld, das gar nicht intensiv genug bestellt werden kann, oder gar das christliche Grundanliegen, dem sich alles andere unterzuordnen hat. Leider findet zwischen den hier genannten Parteien kaum ein Gespräch statt. Man/frau bleibt unter sich und verdächtigt die jeweils anderen der Rückständigkeit oder gar der Verfälschung der christlichen Botschaft.
Das vorliegende Buch möchte eine Brücke schlagen zwischen beiden Seiten. Es möchte informieren, Positionen verständlich machen, feministische Autorinnen in ihren Hauptschriften und Grundgedanken bekannt machen. Aber es möchte auch – im Sinne der Reihe „Unterscheidung" – zur Entscheidung und Unterscheidung anleiten. Es möchte offene Fragen zwischen feministischer Theologie und christlichem Glauben kritisch bewußt machen.
Es ist eine spannende Reise durch ungewohnte und kühne Gedanken und Entdeckungen, zu der wir die LeserInnen einladen möchten. Wie das Buch zum Gespräch, zum Dialog führen soll, so ist es aus dem Dialog – vor allem zwischen uns beiden – entstanden. Zwar hat jede von uns beiden bestimmte Teile zunächst allein verfaßt – Unterschiede in der Darstellung werden leicht erkennbar sein –, aber wir haben alle Beiträge in langen Arbeitssitzungen miteinander diskutiert und überarbeitet. Daß unsere Ehemänner und Kinder uns mit viel Verständnis und Interesse dafür freigegeben haben, war schon ein ermutigendes Zeichen dafür, daß die Sache der Frauen doch nicht so verloren ist, wie es manchmal scheint.

Wir Autorinnen sind beide evangelische Theologinnen. Aber wir waren bemüht, auch unsere katholischen Schwestern und Brüder im Auge zu behalten. Denn feministische Theologie ist eine ausgesprochen ökumenische Theologie in dem Sinn, daß sie von Frauen beider großen Kirchen betrieben wird und daß sie beide Kirchen angeht. Möge das Buch auch in diesem Sinn verbindend wirken!

Elisabeth Schneider-Böklen
Dorothea Vorländer

I. Gesellschaftliche und ökonomische Voraussetzungen der neuen Frauenbewegung

Der Feminismus wird meist im Zusammenhang mit der zweiten Frauenbewegung gesehen. Die neue, zweite[1] Frauenbewegung hat ihre Wurzeln in dem kulturellen und politischen Aufbruch von 1968, der sogenannten Studentenbewegung. Deren Forderungen nach Abbau von äußeren und inneren Autoritäten, nach radikaldemokratischer Gesellschaftsveränderung und neuen Werten führten auch dazu, daß Frauen diese Forderungen für sich als Frauen einklagten. Weil sie durch diesen gesellschaftlichen Aufbruch mündiger geworden waren, wurde ihnen auch bewußt, wie gerade sie als Frauen überhaupt nicht vorkamen und wie ihr weiblicher Lebenszusammenhang im revolutionären Getriebe keinerlei Rolle spielte. Das bedeutete im Alltag, daß unter dem revolutionären Mäntelchen der engagierten Männer die allzu bekannten patriarchalen Verhaltensmuster hervorlugten: Männer hielten zwar flammende Reden gegen die Herrschaft von Menschen über Menschen, aber Frauen durften ihnen diese Reden tippen und den entnervten Helden hinterher Kaffee kochen – genau wie in den finstersten Zeiten der Restauration. Da die Studentenbewegung die Befreiung auch von sexueller Unterdrückung auf ihre Fahnen geschrieben hatte und die engagierten Frauen und Männer dies in die Tat umsetzten, kam es zur sogenannten sexuellen Revolution, zum Aufbrechen der starren moralischen Regeln der bürgerlichen Kleinfamilie durch die Proklamierung ungehinderter sexueller Bedürfnisbefriedigung. Hier allerdings entdeckten die Frauen, die mittlerweile für Unterdrückungsmechanismen sensibel geworden waren, wie diese angebliche sexuelle Befreiung sie erst recht in die

---

[1] Zur ersten Frauenbewegung vgl. Elisabeth Moltmann-Wendel, Frauenbefreiung. Biblische und theologische Argumente, München ⁴1986, S. 13-76; zur Entwicklung der zweiten Frauenbewegung seit 1968: Florence Herve (Hg.), Geschichte der deutschen Frauenbewegung, Köln 1982; Jutta Menschik, Feminismus – Geschichte, Theorie, Praxis, Köln 1977.

Abhängigkeit der Männer brachte. Denn sie hatten in einem freien Liebesverhältnis nicht den rechtlichen Schutz einer bürgerlichen Ehe, von der seelischen Dimension gar nicht zu reden. Für die so fortschrittlichen Männer wurden Frauen zwar nicht mehr in das traditionelle Muster „reine Jungfrau – treu sorgende Mutter – sinnliche Hure" gezwängt, aber der damalige Slogan „Wer zweimal mit derselben pennt, gehört schon zum Establishment" zeigt, wie Frauen in der sexuellen Revolution mehr oder weniger zum Wegwerfartikel degradiert wurden. Die Frauen der nun einsetzenden zweiten oder neuen Frauenbewegung machten sich diese ganz und gar nicht erstrebenswerte Kehrseite der gepriesenen Revolution bewußt und begannen, sich klarzumachen, wie stark sie überall, nicht nur im sexuellen Bereich, nur ausgebeutete Objekte waren und nicht als eigenständige Subjekte, als autonome Menschen wahrgenommen wurden. Autonomie und Subjektivität wurden deshalb Schlagworte der neuen Frauenbewegung, ergänzt durch eine neue Form der Solidarität, der Schwesterlichkeit.

„Die Erfahrung des Nichtvorhandenseins von Frauen im gesellschaftlich-politischen Raum und des Nicht-ernst-Nehmens der Probleme von Frauen führte zu einer Bewegung, die durch Themenvielfalt und ein weites Aktionsspektrum geprägt ist. Gegen die Verfügbarkeit durch Männer und gegen die Vereinzelung von Frauen (entstanden) Frauenselbsthilfegruppen, in denen gemeinsam leidvolle Erfahrungen aufgearbeitet und Strategien zur Veränderung gesucht werden. Die Gruppen setzen sich vor allem zum Ziel, die Probleme anzusprechen, die im öffentlichen Bereich tabuisiert werden: die Mißhandlung von Frauen durch Freunde oder Ehemänner, die Angst vor Vergewaltigung oder die Scham und Demütigung der Frauen, die vergewaltigt worden sind, die Belastung der Frauen bei der Kindererziehung, die täglichen ‚kleinen' Schikanen durch den Mann auf der Straße, Ängste und Hilflosigkeit bei der Selbstbehauptung in Studium und Beruf usw. ... Den ersten autonomen Frauenzentren und den Frauenhäusern (für mißhandelte Frauen) folgten bald Buchläden, Gesundheitszentren, Beratungsstellen und Cafés von Frauen für Frauen. Der Umgang miteinander in einem männerfreien Raum führt zur Entwicklung neuer Bezie-

hungsformen untereinander. Die feministischen Forderungen nach Schwesterlichkeit und Solidarität haben hier ihre Wurzeln. Das in den Frauengruppen entwickelte und praktizierte Modell der Aufarbeitung von Erfahrung und ihrer Integration in die Analyse von Machtstrukturen prägen das feministische Theorie-Praxis-Verständnis. Die subjektive Betroffenheit bildet den Ausgangspunkt und Maßstab für die Herangehensweise und Bearbeitung."[2]
Warum entstand die zweite Frauenbewegung aber gerade unter den gesellschaftlichen und ökonomischen Bedingungen der 70er Jahre? Für die moderne Industriegesellschaft ist nicht mehr ein Heer hochdisziplinierter (Fließband)arbeiter erforderlich, sondern es sind eher weniger, aber dafür hochqualifizierte, kreative und eigenverantwortlich handelnde Fachkräfte notwendig. Die Folge davon ist, daß nicht mehr soviele Kinder für den Erhalt und Ausbau dieser Gesellschaft gebraucht werden, allerdings wird umgekehrt die Erziehung und Ausbildung der Wenigen immer wichtiger. Im Vergleich zur außerhäuslichen und berufsspezifischen Qualifikation kommen Mutterschaft und familiärer Erziehung deshalb ein geringerer Wert zu. Die Erfindung der „Pille" ermöglichte es Frauen, unerwünschte Schwangerschaften zu vermeiden, und gab ihnen so größere Freiräume.
Zwar haben Frauen nachgewiesenermaßen immer noch geringere berufliche Chancen – die aus dem Boden schießenden Frauengleichstellungsstellen sprechen hier eine deutliche Sprache –, aber andererseits hebt sich auch ihr Ausbildungsniveau ständig. Die Folge davon ist, daß es sich nicht mehr nur um einzelne handelt, die ihre Rechte in der Gesellschaft einklagen, sondern daß eine immer größer werdende Masse von Frauen auf Grund ihrer Kenntnisse, ihres Wissens und ihres Bewußtseins auch politisch Druck ausübt und ausüben wird, um mehr Mitbestimmung, mehr Partizipation und eigene kulturelle Freiräume zu erhalten. Sicher gibt es hier retardierende Momente, insgesamt aber scheint es mir durchaus denkbar, die Frauenbewegung keineswegs nur als Gegen- oder Alternativbewegung, sondern als eine Bewegung zu verste-

[2] Christine Schaumberger und Monika Maaßen (Hg.), Handbuch Feministische Theologie, Münster 1986, S. 16f.

hen, die sehr gut in eine postmoderne Gesellschaft eingepaßt ist. Umgekehrt wäre ein konservatives Frauenbild für die Wirtschaft hier weitaus störender als die eigenständigen und kreativen Frauen mit dem fortschrittlichen feministischen touch! Setzen wir außerdem eine geradlinige Entwicklung voraus, so werden in den Jahren um die Jahrtausendwende qualifizierte Arbeitskräfte wohl Mangelware sein; die frauenbewegten Akademikerinnen und die wissenshungrigen Aufsteigerinnen in ihrem Gefolge kämen da der Industrie gerade recht. Frauen, die nur in der traditionellen Rolle schweigend Befehle von Vorgesetzten ausüben, sich den notwendigen Fort- und Weiterbildungsmaßnahmen mit Hinweis auf ihre mangelnde Denkfähigkeit als Frau entziehen usw. – solche Frauen werden wohl über kurz oder lang selbst im konservativsten Lager nicht mehr als Arbeitskräfte geschätzt, sondern eines Tages durch eine Maschine ersetzt werden.

Zudem ist auch eine historische Gesetzmäßigkeit zu beachten: Unterdrückte Gruppen oder Völker entschließen sich dann zur Revolution, wenn ihre Unterdrücker gerade im Begriff sind, sich zu ändern oder wenn der schlimme Zustand der Unterdrückung sich ein wenig verbessert hat: Als Beispiel wären hier der deutsche Bauernkrieg und die Französische Revolution zu erwähnen. Auf die Frauenbewegung übertragen hieße dies, daß diese Revolution der Frauen in dem Moment beginnt, in dem die „starken Männer" beginnen, auf „partnerschaftlich" umzuschalten, sich die patriarchalischen Fesseln also lockern. M. E. könnte dies eine überzeugende Erklärung sein: Denn die Studentenbewegung von 1968 hat deutlich am autoritären Männerbild gekratzt, auch wenn ihre Protagonisten noch keineswegs „neue Männer" oder „Softies" im heutigen Sinne waren. Und genau in dieser Zeit entsteht die neue Frauenbewegung – und nicht in den erzkonservativen Jahren der Nachkriegszeit, als vermutlich weitaus weniger Möglichkeiten der Ausbildung und gesellschaftlichen Tätigkeit für Frauen gegeben waren, als die Moral sehr rigide und z. B. der Druck auf ledige Mütter massiv war.

Dieses Denkmodell würde auch eine Erklärung anbieten für das Phänomen im privaten Bereich, daß es nämlich bei offensichtlich so „netten" Männern ausgerechnet die Frauen sind, die die Scheidung einreichen, und warum selbst geschlagene Frauen aus dem Frauenhaus oft zu ihren Macho-Ehemännern zurückkehren...

II. Die Situation der Frauen in den großen Kirchen

Wie in der Gesellschaft überhaupt sind die Frauen durch ihre immer stärker werdende Beteiligung am kirchlichen Leben auch in den Kirchen zum Thema geworden.
Die großen Kirchen – zumindest im Bereich der Bundesrepublik Deutschland – sind mit 80% Frauenanteil an der Zahl ihrer Mitarbeiter regelrecht „Frauenbetriebe". Was die Teilhabe von Frauen angeht, so kann hier besonders für die evangelischen Kirchen gegenwärtig von einer Art „Schwellensituation" gesprochen werden: Von einer starken Repräsentanz in Kirchengemeinden, Kirchengemeinderäten und Synoden dringen Frauen allmählich in kirchenleitende Ämter, wie Dekanin oder gar Bischofskandidatin oder Synodalpräsidentin vor. Die Errichtung von eigenen Frauenreferaten in verschiedenen Landeskirchen dürfte diesen Trend noch verstärken.
Auch in der katholischen Kirche können Frauen sich durch ein breit gefächertes theologisches Bildungsangebot qualifizieren und – wenn auch nicht im geistlichen Amt – so doch als Gemeindereferentin, Pastoralassistentin, Religionslehrerin oder Krankenhausseelsorgerin tätig werden. Eigene Referate für Frauenseelsorge bei den bischöflichen Ordinariaten unterstützen diese Möglichkeiten.
Diese Entwicklung in den beiden großen Kirchen innerhalb des deutschen Raumes führt nicht nur zu kirchenpolitischen Forderungen etwa nach frauen- und familienfreundlichen Arbeitszeiten und -plätzen, nach Quotenregelungen und Frauenförderplänen, sondern auch dazu, daß die Stellung der Frauen in Kirche und Gesellschaft theologisch neu bedacht und in offiziellen Erklärungen dargelegt wird.
Ein besonderes Problem stellt dabei die Frage nach der Ordination von Frauen und ihrer Teilnahme am geistlichen Amt dar.

1. Erklärungen zur Situation der Frauen in Kirche und Gesellschaft

a. Der Ökumenische Rat der Kirchen

Es gehört zu den erklärten Zielen des ca. 314 evangelische, anglikanische und orthodoxe Kirchen umfassenden Ökumenischen Rates der Kirchen (ÖRK), „die Kirchen aufzurufen zu dem Ziel der sichtbaren Einheit in dem einen Glauben und der einen eucharistischen Gemeinschaft, die ihren Ausdruck im Gottesdienst und im gemeinsamen Leben in Christus findet, und auf diese Einheit zuzugehen, damit die Welt glaube"[1]. Aber diese Einheit der Kirche wird nicht nur durch den theologischen Dialog oder durch die gemeinsame kirchliche Praxis erreicht, sondern sie hat auch soziale Dimensionen. Rassismus oder die entstellten Beziehungen zwischen Männern und Frauen sind ebenso ein Hindernis für die Einheit der Christen wie Unterschiede in der Lehre.

Hatte der ÖRK schon seit seiner Gründungsveranstaltung 1948 Frauen in zunehmendem Maß an seinen Versammlungen und Gremien beteiligt, so gab 1975 die 5. Vollversammlung des ÖRK in Nairobi eine weltweite Studie über die Rolle der Frau in Kirche und Gesellschaft in Auftrag. Die Ergebnisse dieses globalen Erfahrungsaustausches wurden 1981 in Sheffield in England zusammengetragen und erschienen als Report mit dem Titel „Die Gemeinschaft von Frauen und Männern in der Kirche"[2].

Was in Sheffield an positiven Anstößen formuliert worden war, das erfuhr 1983 auf der 6. Vollversammlung des ÖRK in Vancouver eine überwältigende Bestätigung in Theorie und Praxis. Gleichzeitig wurden hier Grundanliegen der feministischen Theologie laut. Das Ziel dieses Nachdenkens über die Frauen im ökumenischen Rahmen, wie es sich im Sheffield-Report und in den Erklärungen von Vancouver darstellt, läßt sich am ehesten mit

---

[1] Verfassung des Ökumenischen Rates der Kirchen, Art. 1.
[2] Constance F. Parvey (Hg.), Die Gemeinschaft von Frauen und Männern in der Kirche. Der Sheffield-Report, Neukirchen-Vluyn 1985. Im folgenden als „Gemeinschaft" zitiert.

den folgenden Worten des Reports beschreiben: „Die Neue Gemeinschaft, die wir im Auge haben und auf die wir hoffen, ist eine umfassende Gemeinschaft, deren hervorstechender Wert Beziehungen sind, die von Liebe geprägt sind ... Es ist eine Liebe, die sich übermittelt in Gegenseitigkeit und Gleichheit, in Miteinander und Partnerschaft".[3] Biblische Grundlage für diese Vision sind die Aussagen von Gen 1,27b und Gal 3,28, die Gottebenbildlichkeit von Mann *und* Frau und die Aufhebung der Unterschiede von Rasse, Stand und Geschlecht in Christus, die durch die Taufe geschenkt wird. Diese Gemeinschaft, Ganzheit und Gegenseitigkeit kommt auf folgenden Gebieten zum Ausdruck:

– in einem neuen, integrierten Verhältnis von Frauen und Männern: Frauen und Männer entwickeln ein „neues Konzept des Menschseins", in dem Fähigkeiten wie Kreativität, Gegenseitigkeit, Zusammenarbeit hervorragen, Eigenschaften, die Frauen schon immer praktiziert haben und die Männer oft verdrängen mußten.

– in einem Neuverständnis von Ehe und Familie: Auch sie sollen von Liebe und Gegenseitigkeit bestimmt sein, aber Liebe schließt Polarität ein – Polarität zwischen freier Entwicklung der Persönlichkeit, Selbstfindung, Engagement im öffentlichen Leben einerseits und andererseits der freiwilligen Selbstbeschränkung und Verpflichtung gegenüber dem Partner und der Familie. Für beide, Frauen wie Männer, ergeht der Ruf zur Freiheit wie zur Hingabe.

– in einer Neufassung von kirchlicher Sprache und Symbolik: „Da wir alle in der einen Menschheit zusammengehören, muß die Kirche uns alle in den Bildern, die sie in der Schrift, in ihrer Lehre, im Gottesdienst und in ihrer theologischen Sprache benützt, einschließen und ansprechen. Wenn die Kirche in ihrer Arbeit nur männliche Bilder benützt – wie etwa Kriegswaffen für die Darstellung der Glaubensstärke – dann werden die weiblichen Mitglieder des einen Leibes ausgeschlossen".[4] Demgegenüber wird auf die Möglichkeit einer inklusiven, alle einschließenden Sprache hingewiesen.

[3] Gemeinschaft, S. 139.
[4] Gemeinschaft, S. 156.

– in der Entwicklung einer neuen Spiritualität: Frauen lesen die Bibel mit ihren Augen und Herzen. Es entsteht eine neue, Leib und Seele umfassende Frömmigkeit, ein neues, leib-seelisches Verständnis von biblischen Geschichten. Die 6. Vollversammlung von Vancouver und die ihr vorausgehende Frauenvorkonferenz haben diese neue Spiritualität exemplarisch eingeübt, wenn z. B. die Erzählung von der Heilung einer gekrümmten Frau (Luk 13,12 ff) nicht nur interpretiert, sondern auch von jeder leiblich nacherfahren wurde. Die neue Spiritualität gründet sich zunächst auf die Bibel. In ihr entdecken Frauen andere Frauen und Bilder aus der Frauenwelt neu. Die Bibel ist zwar von Männern für eine von Männern bestimmte Welt geschrieben, aber sie verkündet doch die befreiende Kraft des Evangeliums gerade auch für die Frauen. Die partnerschaftliche Art, in der Jesus mit Frauen umging, die Frauen am Grab Jesu als erste Osterzeuginnen, die volle Teilnahme von Frauen auch an leitenden Funktionen in der Urgemeinde (Röm 16) und schließlich das alte Taufbekenntnis von Gal 3,28 sind hier die wichtigsten Zeugen. Auch im Alten Testament leuchtet ab und zu die ursprüngliche, von Gott gewollte Partnerschaft und Gleichheit der Frauen mit den Männern (siehe Gen 1,27) in großen Frauengestalten auf. Die neue Spiritualität, die Frauen nach dem Titel eines in Vancouver gebrauchten Liederbuches „No Longer Strangers", „Nicht länger Fremdlinge", sondern Mitbürgerinnen im Haus Gottes sein läßt, muß auch den Glauben der Väter, die Traditionen und Lehre der Kirche kritisch hinterfragen. Ist er auch der „Glaube unserer Mütter"? Eine neue Sicht der Tradition könnte sich darstellen als ein Neuverständnis der Lehre von der Dreieinigkeit Gottes. Kann die Auffassung, daß Gott in sich Beziehungen pflegt, daß zwischen Vater, Sohn und Geist eine Liebesbewegung stattfindet, Frauen und Männern dabei helfen, auch ihre Beziehungen zueinander neu zu ordnen?
Ebenso geht es um das Neuverständnis der Person von Jesus Christus: Die Tatsache, daß Jesus ein Mann war, ist nicht wesentlich für Gottes Selbstoffenbarung in ihm und sollte nicht zur Folge haben, daß Frauen Gott ferner stehen als Männer. Gelegentlich wird sogar in der mittelalterlichen Tradition Jesus als unsere Mut-

ter bezeichnet, so in einem Gedicht von Anselm von Canterbury.[5]

Neue Bedeutung erhält auch die Lehre vom Heiligen Geist, der in manchen Kirchen und Bewegungen weiblich gesehen wird und der sich nach Apg 2,17ff (= Joel 3) ausdrücklich auf Frauen und Männer ergießt: Es wurde auch darauf verwiesen, daß das hebräische Wort für „Geist" = ruah weiblich ist. Kann also die Vorstellung von einer „heiligen Geistin" akzeptiert werden?

Als Anfrage aus der katholisch-orthodoxen Tradition kommt schließlich die Frage nach der Stellung und Rolle Marias hinzu. Ist die Mariologie der alten Kirche eine Beschränkung oder eine Erweiterung für das Selbst- und Rollenverständnis der Frauen?[6] Neubedenken der Tradition bedeutet schließlich, die gesamte Kirchengeschichte als Dienst von Frauen und Männern neu zu schreiben. Neben der „Kirchengeschichte von oben", die von Männern gemacht und geschrieben ist, steht die „Kirchengeschichte von unten", die christliche Frauengeschichte. Sie gilt es wiederzuentdecken.

b. Die EKD-Studie „Die Frau in Familie, Kirche und Gesellschaft" von 1979

Diese Studie aus dem Jahr 1979 stellt zunächst die wichtigsten Gesichtspunkte der von namhaften evangelischen Theologen entwickelten Ordnungstheologie dar, um sich dann damit kritisch auseinanderzusetzen: Für die Ordnungstheologie sind Ordnungen Mittel, um die gefallene Schöpfung am Leben zu erhalten. Dabei werden die Ordnungen statisch, unveränderlich verstanden, wohl aus dem Wunsch heraus, dem Wandel und den Umwälzungen der Zeit etwas Bleibendes entgegenzusetzen. Nach diesen Ordnungsethiken ist die Frau dem Mann „untergeordnet", „zugeordnet", „andersartig" und damit zu anderen Funktionen bestimmt

---

[5] Gemeinschaft, S. 210.
[6] Die Frau in Familie, Kirche und Gesellschaft. Eine Studie zum gemeinsamen Leben von Mann und Frau, vorgelegt von einem Ausschuß der Evangelischen Kirche in Deutschland, Gütersloh 1980.

als er. Hier aber liegt nach Meinung der Studie ein verkürztes Verständnis der Ordnungen vor: Sie sind nicht nur dazu da, die sündige Gesellschaft zu erhalten, sondern sollen eben auch Hinweise auf das Reich Gottes sein. Gerade das Evangelium, das Ausgerichtetsein auf das Reich Gottes, zwingt zur Überprüfung der Ordnungen, führt dazu, daß der Heilige Geist auch in den gesellschaftlichen Institutionen sichtbar wird, sie verändert und erneuert. Im Vertrauen auf den Heiligen Geist „kann man sich für neue Formen von Familie, Staat und Kirche öffnen und muß nicht ängstlich auf Traditionen als Ausdruck absoluter Werte beharren"[7].
Auch die Rechtfertigungslehre hat nicht nur persönliche, sondern auch soziale und politische Konsequenzen, sonst bleibt es für die Frauen bei einer Gleichheit vor Gott, ohne gesellschaftliche Folgen. Eine auch sozial verstandene Rechtfertigung führt zur Forderung nach Gleichberechtigung der Frau. Gleichberechtigung ist darum „keine Anpassung an säkulare Gegebenheiten, sondern eine innerchristliche Frage und eine Konsequenz des Glaubens"[8]. Aus diesen Gesichtspunkten heraus beschreibt die Studie die Fülle von Ämtern, die von Frauen in der evangelischen Kirche ausgeübt werden: ehrenamtliche Tätigkeit – Pfarrfrau – Gemeindehelferin – Diakonisse – Pfarrerin.

c. Der Beschluß der EKD-Synode von 1989

Der Beschluß der im November 1989 in Bad Krozingen tagenden Synode der Evangelischen Kirche in Deutschland knüpft an die beiden vorher genannten Dokumente, die EKD-Studie von 1979 und den ökumenischen Report von 1981, mit dem gleichen Titel „Die Gemeinschaft von Frauen und Männern in der Kirche"[9] an und macht die Ergebnisse beider Erklärungen, aber auch allgemein-gesellschaftliche Lernprozesse für die evangelischen Kirchen in Deutschland fruchtbar. Auch wenn Frauen zeitweilig begün-

---

[7] AaO., S. 22.
[8] AaO., S. 23.
[9] Die Gemeinschaft von Frauen und Männern in der Kirche. Synode der Evangelischen Kirche in Deutschland, Gütersloh 1990.

stigt werden müssen, geht es letztendlich um Gerechtigkeit und Gemeinschaft zwischen Frauen und Männern. Auf dieses Ziel hin müssen die Kirchen einerseits mutige Schritte wagen, sich aber andererseits stets der Gebrochenheit allen menschlichen Tuns bewußt bleiben.

d. Amtliche Erklärungen der römisch-katholischen Kirche zur Stellung der Frauen in Kirche und Gesellschaft

Überblickt man die Äußerungen der Päpste und andere offizielle Erklärungen der römisch-katholischen Kirche von den dreißiger bis zu den achtziger Jahren zu dem Thema Frauen und Gleichberechtigung, so kann hier ein gewaltiger und erfreulicher Fortschritt festgestellt werden. Die Äußerungen von Pius XI. und Pius XII. gestehen der Frau zwar die gleiche Menschenwürde wie dem Mann zu. Sie ordnen sie aber faktisch dem Mann unter, indem sie die Frauen auf die Mutterschaft und die Hausgemeinschaft als auf „Ordnungen, die durch göttliche Autorität und Weisheit gesetzt sind", verweisen. Nur eine Frau, der schicksalhaft die Tätigkeit als Mutter und Hausfrau versagt bleibt, darf sich im öffentlichen Leben betätigen. Das Leitbild der Frau, das für die katholische Kirche in den fünfziger Jahren bestimmend war, ist die komplementäre Polarität der Geschlechter, in der beide, Mann und Frau, ihre unübertragbaren, aber einander ergänzenden Aufgaben haben. Da diese aber für die Frau völlig vom Mann her definiert werden, bedeutet „komplementäre Polarität" tatsächlich Unterordnung der Frau unter den Mann. Mit der Enzyklika ‚Pacem in terris' von Johannes XXIII. von 1963 und den Erklärungen des Zweiten Vatikanischen Konzils ‚Lumen gentium' und ‚Gaudium et spes' tritt ein Wendepunkt ein: Das Leitbild der Polarität wird aufgegeben zugunsten der Partnerschaft und einer gemäßigten Emanzipation, die sich auf Gen 1,27 und Gal 3,28 begründet. In der Folgezeit schwanken die Erklärungen der Päpste Paul VI. und Johannes Paul II. zwischen diesem neu gewonnenen Erkenntnisstand und der Hochschätzung der Mutterschaft als der eigentlichen Aufgabe der Frau sowie ihrer Beurteilung aus der Sicht des Mannes. Aber Partnerschaft und Emanzipation behalten doch die Oberhand. Die Mutter- und Familienrolle gilt nicht mehr als einzige Aufgabe der Frau. Gefordert wird für die Stellung der Frau eine ausgewogene Mitte, die gleich weit entfernt ist vom Extrem der bloßen Haus-Frau wie von der totalen Loslösung von der familiären Bindung. Beruf und Familie sind so wenig wie für den Mann auch für die Frau Alternativen, sondern „zwei Lebensbereiche, die prinzipiell miteinander vereinbar sind und die daher praktisch in Konkordanz gebracht werden müssen."[10]

Auch der neue, seit 1983 geltende Codex des kanonischen Rechts zeigt „das deutliche Bestreben, die patriarchalische Struktur der Kirche zu überwinden"[11], was aber noch nicht ganz gelingen will. Einerseits erklärt Kanon 208 „die wahre Gleichheit" von Männern und Frauen aufgrund ihrer Wiedergeburt in Christus. Auch darin, daß nicht mehr von der ‚potestas patris', der „väterlichen Gewalt", sondern von der ‚potestas parentum', der Gewalt der Eltern, gesprochen wird, kann eine Aufwertung der Frau gesehen werden. Dennoch bleiben Unklarheiten, Inkonsequenzen und Ungleichheiten, die vor allem die Frauen betreffen.

Noch deutlicher als die neueren päpstlichen und konziliaren Texte sprechen sich die Erklärungen der deutschen Bischöfe zugunsten einer Partnerschaft von Männern und Frauen aus[12]: Daß Männer und Frauen verschieden, aber gleichberechtigt sind, hat nicht nur anthropologische, sondern auch theologische Gründe. Denn die Frau ist nicht nur in ihrem Personsein, sondern auch in ihrem Frausein Abbild Gottes. Wenn die Frau minder bewertet wird, dann ist dies nicht nur ein kirchliches Manko, sondern auch ein Affront gegen Gottes Willen.

Für die Gesellschaft suchen diese Erklärungen jede soziologische oder biologische Festlegung der Frau zu vermeiden, auch wenn ihre Mutterrolle hochgeschätzt wird. Neue Rollenverteilung und fle-

---

[10] Zum folgenden s. Wolfgang Beinert (Hg.), Frauenbefreiung und Kirche, Regensburg 1987. Darin: Wolfgang Beinert, Die Frauenfrage im Spiegel kirchlicher Verlautbarungen, S. 82 ff.
[11] AaO., S. 83.
[12] AaO., S. 87.

xiblere Strukturen im Erwerbsleben werden gefordert, um Müttern wie Vätern eine Aufgabenteilung zwischen Beruf und Familie zu ermöglichen. Die Kirche hat in diesem Zusammenhang die wichtige Aufgabe, Modell für ein partnerschaftliches Zusammenleben von Männern und Frauen zu sein und zur Bewußtseinsveränderung beizutragen.

2. Die Frage der Ordination von Frauen

„Da heute die Frauen eine immer aktivere Funktion im ganzen Leben der Gesellschaft ausüben, ist es von großer Wichtigkeit, daß sie auch an den verschiedenen Bereichen des Apostolats der Kirche wachsenden Anteil nehmen"[13] – so lautet eine Aussage des Zweiten Vatikanischen Konzils. In ähnlich positiver Weise hebt auch der Ökumenische Rat der Kirchen in seinen verschiedenen Erklärungen die wichtige Rolle der Frauen in der Kirche hervor, so in der von allen Kirchen mitgetragenen Konvergenzerklärung zu Taufe, Eucharistie und Amt: „Wo Christus gegenwärtig ist, sind menschliche Strukturen durchbrochen. Die Kirche ist berufen, der Welt das Bild einer neuen Menschheit zu vermitteln. In Christus ist nicht Mann noch Frau (Gal 3,28). Frauen wie Männer müssen ihren Beitrag zum Dienst Christi in der Kirche entdecken. Die Kirche muß den Dienst erkennen, der von Frauen verwirklicht werden kann, ebenso wie den, der von Männern geleistet werden kann. Ein tiefergehendes Verständnis des umfassenden Charakters des Dienstes, das die gegenseitige Abhängigkeit von Männern und Frauen widerspiegelt, muß noch breiter im Leben der Kirche zum Ausdruck kommen."[14]
Diese sehr ähnlich klingende Wertschätzung der Frauen im Leben der Kirche führt für die evangelischen Kirchen einerseits und für die katholische Kirche andererseits zu äußerst unterschiedlichen

---

[13] AaO., S. 86.
[14] Taufe, Eucharistie und Amt. Konvergenzerklärungen der Kommission für Glaube und Kirchenverfassung des Ökumenischen Rates der Kirchen. Frankfurt/Main, 1982, Abschnitt „Amt", Nr. 18, S. 35.

Folgerungen. Während die katholische und die orthodoxe Kirche diese Würde der Frau nur als Teilnahme am Apostolat der Kirche im weitesten Sinn, also am allgemeinen Selbstvollzug der Kirche verstehen und hier allerdings den Frauen wie den männlichen Laien wichtige Aufgaben zuweisen, haben viele evangelische Kirchen, vor allem auch die meisten evangelischen Landeskirchen in Deutschland, den Schritt getan, Frauen voll zum geistlichen Amt zuzulassen. Die heutigen evangelischen Pfarrerinnen blicken allerdings auf einen langen Weg zurück: Er begann 1919, als die erste Frau ihr theologisches Examen in Karlsruhe ablegte und es eine ständig wachsende Zahl theologisch gebildeter Frauen in noch ungeklärten Rechtsverhältnissen innerhalb der evangelischen Kirchen gab. Die Zeit zwischen den beiden Weltkriegen sah die Entstehung von Kirchengesetzen für das Amt der Vikarin, die nur eingesegnet, nicht ordiniert wurde und deren Tätigkeit auf den Bereich des Religionsunterrichts, der Seelsorge an Frauen und Mädchen und der Diakonie beschränkt wurde. Öffentliche Wortverkündigung, Verwaltung der Sakramente und andere Amtshandlungen waren den Frauen grundsätzlich verwehrt. Der Zweite Weltkrieg brachte mit dem Militärdienst vieler Pfarrer einen gewaltigen Sprung nach vorne. Die Tatsache, daß viele Gemeinden keine Pfarrer mehr hatten, gestattete es den Vikarinnen, volle Pfarrämter auszuüben. Nach dem Ende des Zweiten Weltkriegs erfolgte auch in den Kirchen, wie in der übrigen Gesellschaft, ein Rückschritt in die konservativ-patriarchalische Gesellschaft der Zeit vor 1933. Auch in der Kirche übernahmen wieder die Männer die Führung und verwiesen die Frauen in ihre angestammten Arbeitsbereiche für Frauen, Kinder und Mädchen. Erst die 60er und die frühen 70er Jahren haben allmählich in fast allen deutschen Landeskirchen die volle Zulassung von Frauen zum geistlichen Amt gebracht.

Diesem äußeren Wandel entsprachen intensive theologische Auseinandersetzungen um das Verständnis der Frau und des geistlichen Amtes: Beriefen sich die Frauen einengenden Stimmen und Gutachten vielfach auf 1 Kor 14,3ff und 1 Tim 2,12-15 sowie auf eine statische, die Frau dem Mann unterordnende Schöpfungstheologie, so standen auf der anderen Seite die Berufung auf das Verhalten Jesu gegenüber Frauen sowie vor allem die Aussage von Gal 3,28.

Der kirchenrechtliche Rahmen, in dem sich die Betätigung der Frauen innerhalb der katholischen Kirche abspielen kann, wird abgesteckt von dem Kodex des kanonischen Rechts von 1983: Hier wird zwar – wie schon erwähnt – in Kanon 208 die „wahre Gleichheit aller Gläubigen in ihrer Würde und Tätigkeit" beim Aufbau des Leibes Christi festgestellt. Andererseits erklärt Kanon 1024 kurz und bündig: „Die heilige Weihe empfängt nur ein getaufter Mann."

So ergibt sich das Bild, daß Frauen in der römisch-katholischen Kirche zwar viele Möglichkeiten der haupt- und ehrenamtlichen Mitarbeit in Gottesdienst und Gemeinde haben, daß ihnen aber der Zugang zur Ordination und zum geistlichen Amt verwehrt bleibt. Die Erklärung der Kongregation für die Glaubenslehre zur Frage der Zulassung der Frauen zum Priesteramt von 1976[15] bemüht sich, diese Haltung der katholischen Kirche unter Berücksichtigung der auch von ihr betonten Gleichberechtigung der Frau und unter Einbeziehung der Ergebnisse der modernen Bibelexegese zu begründen: Trotz der Praxis mancher protestantischer Kirchen, Frauen zum Amt zuzulassen und trotz der Diskussion innerhalb der katholischen Theologie selbst sieht sich die Kirche „aus Treue zum Vorbild ihres Herrn nicht dazu berechtigt, die Frauen zur Priesterweihe zuzulassen". Diese Haltung wird begründet einmal mit der Tradition, also mit der langen Geschichte der Kirche, auch der Ostkirche, in der Frauen nie gültig Priester- oder Bischofsweihen empfangen konnten, zum zweiten mit dem Verhalten Jesu, der trotz seiner ungewöhnlichen Offenheit für Frauen keine Frau unter die Zwölf Apostel aufgenommen hat, und schließlich mit der Handlungsweise der Apostel, die – trotz vieler weiblicher Mitarbeiterinnen – keiner Frau die Weihe erteilt haben. Es sei kein Archaismus, sondern Treue, wenn die Kirche am Beispiel Jesu und der Apostel festhält und die Tradition als nor-

---

[15] „Intersigniores", Beinert, aaO., S. 160 ff.

mativ ansieht, denn „das Priesteramt ist nicht ein einfacher pastoraler Dienst, sondern gewährleistet die Kontinuität jener Funktion, die Christus den Zwölfen übertragen hat"[16].
Aber trotz dieses Unterschiedes zwischen der evangelischen und der katholischen Position, die auch die der orthodoxen Kirchen ist, trotz des ökumenischen Problems, das hieraus erwächst, sind die Stellungen auf beiden Seiten in Bewegung. Ablehnung oder Befürwortung der Ordination von Frauen sind keineswegs genau auf die Konfessionen verteilt. Vielmehr erfahren ordinierte Pfarrerinnen auch in manchen evangelischen Kreisen oder gar Kirchen keine volle Anerkennung. Von einer totalen Gleichstellung von Frauen und Männern im geistlichen Amt kann zur Zeit auch im Protestantismus noch nicht die Rede sein, da die Männer schon zahlenmäßig überlegen sind und noch die meisten Führungspositionen besetzen. Auch auf katholischer Seite ist – wenn auch weniger spektakulär – Öffnung und Bewegung zu beobachten. Obwohl Frauen der Zugang zum vollen Priesteramt aus den oben genannten Gründen verwehrt bleiben muß, so könnte doch das Amt des Diakons bzw. der Diakonin für die Frauen wieder aufleben, denn in der Ostkirche hat es eine zeitlang die Tradition der Diakoninnenweihe gegeben.[17]
In Amerika hat die Bewegung „Priests for Equality" („Priester für Gleichberechtigung") – in einem auch ins Deutsche übersetzten Pastoralbrief – eine schrittweise Annäherung an die volle Ordination der Frauen empfohlen. Der Brief endet mit den aufrüttelnden Sätzen: „Wir glauben, daß Gottes Geist uns eindringlich zu einem vollen und gleichberechtigten Teilen in der Liebe und in bezug auf das geistliche Amt in unserer Gemeinschaft aufruft. Laßt uns mutige Jüngerinnen und Jünger Jesu sein!"[18]

Wie oben dargelegt wurde, ist auch die Kirche von der zweiten Frauenbewegung erfaßt worden. Dies liegt zum Teil daran, daß die

---

[16] AaO., S. 167.
[17] AaO., S. 90.
[18] Toward a Full and Equal Sharing. Pastoralbrief über die Gleichberechtigung in der Kirche. Autorisierte deutsche Übersetzung, herausgegeben durch „Christenrechte in der Kirche e. V.", 1987, S. 29.

Kirche, besonders als Volkskirche, auch Teil der bürgerlichen Gesellschaft ist. Der andere Grund dafür ist – wie oben gezeigt wurde – in bestimmten Aussagen von Bibel und Tradition selbst zu suchen. Die zweite Frauenbewegung findet – wie andere Befreiungsbewegungen – am Evangelium einen genuinen Anhaltspunkt. Darum kann es für die Kirche nicht die Frage sein, wie der „gefährliche Feminismus" zu bekämpfen wäre – dies wird im Protestantismus von evangelikaler[19] wie hochkirchlicher Seite versucht –, sondern es geht darum, die kritischen Anfragen der feministischen Theologie sehr ernst zu nehmen, aber andererseits nicht bestimmte Positionen nur deshalb unbesehen zu übernehmen, weil sie gerade modern sind, sondern vom Evangelium her eine klare Haltung zu ihnen zu beziehen.

---

[19] S. etwa Peter Beyerhaus (Hg.), Frauen im theologischen Aufbruch. Eine Orientierungshilfe zur feministischen Theologie, Stuttgart 1983.

III. Darstellung der feministischen Theologie

1. Feministische Theologie als gelebte Theologie

Da feministische Theologie mehr oder weniger in die neue Frauenbewegung eingebunden ist und, wie in der Einleitung erwähnt, die Körperlichkeit (von Frauen) eine große Rolle spielt, lebt diese Art des Theologietreibens ganz stark von der Praxis. So wie die herkömmliche Theologie mit kirchlicher Praxis verflochten ist bzw. sein sollte, ist feministische Theologie stets auch „gelebte Theologie" und erschöpft sich nicht darin, ein Buch gegen das einer anderen Autorin zu schreiben (obwohl der Ansatz dazu nicht zu übersehen ist!).

Im folgenden sollen die verschiedenen Aspekte feministischer Liturgie bzw. von „Frauenkirche" dargestellt und kritisch gewürdigt werden.

Zum einen fällt auf, daß die gedruckte Literatur darüber relativ spärlich ist, verglichen etwa mit dem biblischen Genre, das sich literarisch stark ausbreitet. Feministische, gelebte Theologie schlägt sich eher in sogenannter grauer Literatur nieder, die mehr oder weniger aus kopierten Zetteln und Heften (z. B. im Selbstverlag) besteht und durch persönliche Weitergabe, Hinweise in feministischen Journalen u. ä. erhältlich ist. Daß feministische Theologie nicht in Leinen gebunden oder auf Hochglanz gedruckt daherkommt, spricht m. E. für die Lebendigkeit dieser kulturellen Erscheinung wie auch dafür, daß sie noch nicht etabliert und konserviert ist!

Bevor mit der dogmatischen Meßlatte im Bereich feministischer Liturgien u. ä. alles „gewogen und zu leicht befunden" wird, sollte man sich die Mühe machen, an einer feministischen Liturgie teilzunehmen und sich wenigstens dem neuartigen Flair auszusetzen, das von diesen neuen Formen ausgehen kann. In der „midcult"[1] kirchlicher

---

[1] Diese treffende Bezeichnung der mittleren kulturellen Ebene in der Gesellschaft (im Unterschied zur „masscult" darunter und der „avantgarde" darüber) übernehme ich von Susanne Heine, Wiederbelebung der Göttinnen?. Zur systematischen Kritik einer feministischen Theologie, Göttingen 1987, S. 174 f.

Akademien, Erwachsenenbildungsstätten, bei Kirchentagen, aber auch bei Sondergottesdiensten von Frauengruppen werden mehr und mehr solche feministischen Ausdrucksformen geprobt – proben Frauen deshalb den Aufstand? (Und wenn sie es täten, hätten sie nicht auch allen Grund dazu?!) Auf jeden Fall stimmt wohl, was die katholische Theologin Teresa Berger schreibt: „Die Liturgiewissenschaft hat ... gelernt, daß ein Mißbrauch nicht sofort auch die Relevanz eines bestimmten Phänomens an sich in Frage stellt. Selbst wenn also viele der feministischen Liturgien nicht direkt in unsere Gottesdienste gehören, so müssen sie doch ihren Platz auf unserem Studiertisch finden."[2]

Das Hauptmotiv, neue Lieder, Gebete oder auch religiöse Gedichte zu erfinden, ist für Frauen die vom Mann her gedachte (androzentrische) Sprache der allermeisten liturgischen Texte. Frauen kommen darin nicht vor, d. h. sie sind immer nur „mitgemeint" bei den „Brüdern", „Dienern" und „Sündern". Die Tendenz, Frauen, und ihre Lebenswelt überhaupt, nicht wahrzunehmen in liturgischen Texten, scheint mir in den letzten Jahrzehnten zuzunehmen. Wo werden in heutigen Fürbittgebeten etwa weibliche Lebenszusammenhänge wie Schwangerschaft, Gebären oder die Probleme alleinlebender Frauen angesprochen (von Vergewaltigung und der Angst davor ganz zu schweigen!)? Selbst in angeblich „progressiven" Texten werden alle damit zusammenhängende Sorgen und Sehnsüchte ausgeblendet; interessant ist dagegen, daß in der lutherischen Litanei immerhin noch gebetet wird: „(Du wollst) allen Schwangeren und Säugenden fröhliche Frucht und Gedeihen geben ... alle Witwen verteidigen und versorgen"[3]. Die Abwesenheit weiblicher Lebenszusammenhänge und der Frauen ist auffallend in einer Zeit wie der unseren, die immer stärker den/die einzelne/n fördert und fordert (s. u. II) und die dabei den Trend hat, kollektive Verbände wie die Dorfgemeinschaft oder die Familie immer mehr aufzulösen. (Die französische Soziologin Elisabeth Badinter sieht schon eine „Gesellschaft der Singles" am Horizont heraufziehen.)

---

[2] Teresa Berger, Auf der Suche nach einer „integrativen Liturgie", in: Liturgisches Jahrbuch, 37. Jg., 1987, H. 1, S. 42-66, S. 58.
[3] Evangelisches Kirchengesangbuch Nr. 138.

Vielleicht fühlten ja Frauen sich bisher tatsächlich „mitgemeint", fragten bei den Vätern des Glaubens nicht ausdrücklich nach den Müttern des Glaubens und zählten sich bei den kirchlichen Mitarbeitern mit Recht dazu, da ihnen auch der zugewiesene soziale Ort in der Gesellschaft ausreichend Halt, ökonomische Basis und Identität geben konnte. Als Beispiel sei hier stellvertretend für viele evangelische Pfarrfrauen auf die Frau Martin Niemöllers hingewiesen, von der eine Biographin meint: „Nachdem das Personalproblem gelöst war, ging sie viel und gern mit ihrem Mann auf Reisen."[4] Nachdem dieser soziale Ort, z. B. die Kleinfamilie, die Dorf- und Pfarrgemeinde, eher zur Mobilität und teilweisen Auflösung neigt, wird es vielen Frauen fragwürdig, ob sie bei männlichen Wörtern und Kollektivbegriffen wirklich mitgemeint sind.[5] „Frauen sind im Gegensatz zu männlichen Gemeindegliedern bei solchen Redewendungen gezwungen, sich das Gemeinte für ihre Situation zu übertragen und in Gedanken zu ergänzen. In diesem Prozeß müssen Frauen jeweils auch entscheiden, ob sie im konkreten Fall in den männlichen Ausdrücken eingeschlossen sind. (Wird z.B. in der „Woche der ausländischen Mitbürger" an die andere Situation der Türkin im Vergleich zu ihrem Landsmann gedacht?) Diese an der Norm „Mann" orientierte Sprache, die Frauen nur als eventuell mitgemeint einschließt, macht Frauen unsichtbar. Die Rolle von Frauen, ihre Beiträge, Leistungen und Werte werden so nicht beachtet und vergessen. Wenige Namen von Frauen aus Geschichte, Wissenschaft, Kunst und Kirche sind allgemein bekannt, und Frauen können kaum an die Geschichte von Müttern anknüpfen... Wer denkt z.B. bei den Jüngern an die Jüngerin Maria aus Magdala (Mk 15,40f), bei den Aposteln an die Apostelin Junia (Röm 16,7), bei den Propheten an die Prophetin Hulda (2 Kön 22,14), bei Gemeindeleitern an die Gemeindeleiterin Phoebe (Röm 16,1f), bei den Bruderräten der Bekennenden Kirche an die

---

[4] Wolfgang See, Rudolf Weckerling, Frauen im Kirchenkampf. Beispiele aus der Bekennenden Kirche Berlin-Brandenburg 1933-45, Vorwort von Renate Scharf, Berlin 1984, S. 89.
[5] Näheres zur feministischen Sprachkritik bei Luise F. Pusch, Das Deutsche als Männersprache, Frankfurt 1984; Senta Trömel-Plötz, Gewalt durch Sprache, Frankfurt 1984.

Frauen im Kirchenkampf und bei „Pfarrern" an eine Pfarrerin? ... Unsere Sprache stellt Frauen in Abhängigkeit von Männern dar, d. h. wir haben uns daran gewöhnt, daß Frauen als untergeordnet und zweitrangig erscheinen. Dies geschieht schon durch die traditionelle Reihenfolge ‚Adam und Eva'."[6] Für diejenigen, die hier zusammenzucken und kaum Verständnis für „solche weiblichen Verstiegenheiten" aufbringen können, möchte ich auf ein vergleichbares Phänomen hinweisen: die Namensschilder an Ortschaften ethnischer Minderheiten. Selbstverständlich wird hier jeder aufgeklärte Mensch akzeptieren, daß die Minorität ein Recht hat, den Ortsnamen in der eigenen Sprache sichtbar zu benennen, auch wenn dies in Wort und Schrift umständlich erscheint. Einer Minderheit wird dies also zugestanden, und Frauen, mehr als der Hälfte der Menschheit, sollte dies nicht zugestanden werden?! Das umständlich erscheinende „Mitarbeiterinnen und Mitarbeiter" scheint mir folglich sinnvoll und geeignet, Frauen sichtbar zu machen.

Sehr schwierig und noch keineswegs gelöst ist dagegen die Rede von Gott in der feministischen Theologie. Viele Frauen empfinden inzwischen ein massives Unbehagen am ausschließlich „männlichen" Gottesbild, an der unentwegten und ausschließlichen Rede vom „Richter", „König", „Herrn" und auch „Vater". Diese Ausschließlichkeit in kirchlicher, besonders in liturgischer Sprache, entspricht auch keineswegs dem Reichtum biblischer Bilder von Gott (vgl. unten die Ausführungen über Virginia R. Mollenkott und Elisabeth Moltmann-Wendel). „Dieses einseitige Reden von Gott in rein männlichen Bildern spiegelt und verstärkt sexistische Strukturen in der Gesellschaft und erschwert es Frauen, ihre eigene Identität im Glauben zu entdecken und zu entwickeln. Wie wir uns Gott vorstellen, prägt immer auch unser Selbstverständnis."[7]

Auch ist es teilweise sehr eindrucksvoll, wie im Denken und liturgischen Reden feministischer Theologinnen versucht wird, die

---

[6] Hanne Köhler und Hildburg Wegener, Gerechte Sprache in Gottesdienst und Kirche, Frankfurt: Ev. Frauenarbeit in Deutschland, 1987, S. 23f.
[7] AaO., S. 27.

Trinität neu als das „Göttliche in Beziehung" zu sehen und die Tradition des Heiligen Geistes als das Weibliche in der Trinität wiederzuentdecken: „Gottes Geist / schwebt über dem Wasser / vermählt sich dem Sohn / richtet uns auf / lebenspendend / fruchtbringend / verströmend / tröstend".[8]
Andere gehen noch weiter und ersetzen „Gott" durch „Göttin" – allerdings ist diese dann keine Gottheit im klassischen Sinn, sondern ein Symbol für die weibliche spirituelle Stärke und das weibliche Eingewobensein in die Natur (s. u. die Darstellung und Auseinandersetzung mit Elga Sorge, Christa Mulack und vor allem mit Mary Daly).
Da es sich bei feministischer Theologie um eine sehr lebendige und kreative Bewegung an der Basis handelt, sind die Grenzen zwischen christlich und nichtchristlich oft fließend.
Es ist bei diesem Problem der Rede von Gott notwendig, Gott und Mensch klar zu unterscheiden – jede Verschmelzung oder Verwechslung ist nach christlichem Verständnis abzulehnen.
Zumindest ist klarzumachen, daß Frauen vielleicht das Gefühl haben können, als Frauen endlich wichtig zu sein, wenn von einer weiblichen Gottheit als Symbol der Natur und der weiblichen Stärke die Rede ist, daß diese Frauen sich aber dabei vom biblischen Offenbarungsmodus abgewandt haben und nicht den Gott der Bibel und der christlichen Tradition erfahren können.[9]
Daher ist es eine Sache, von gewalttätigem männlichen Verhalten und männlicher Herrschaft zu reden und aufzuzeigen, wie Frauen von Männern unterdrückt, zum Schweigen gebracht werden und in Vergessenheit geraten. Dies ist wohl ein bleibendes Verdienst des Feminismus. Aber in Bezug auf die Rede von Gott und zu Gott greift dies zu kurz.
Die jüdische Praxis, den Gottesnamen nie auszusprechen, scheint mir in diesem Zusammenhang sehr hilfreich: Auf diese Weise

---

[8] Aus: Abel, wo ist deine Schwester? Frauenfragen. Frauengebete, hg. von Christel Voß-Goldstein, Düsseldorf 1987, S. 77.
[9] Dies betont auch Bernhard Wenisch (in der Auseinandersetzung mit dem feministischen Wicca-Kult der neuen Hexen) in seinem Buch Satanismus, Reihe Unterscheidung, Mainz/Stuttgart 1988, S. 31-38 bzw. 134-136.

wird das Geheimnis Gottes offengehalten und der unendliche qualitative Unterschied Gottes zu Seiner Schöpfung in der alltäglichen religiösen Praxis deutlich. Alle Bezeichnungen und Namen Gottes werden dann als Hilfskonstruktionen erkennbar.
In Bezug auf die in der feministischen Theologie besonders umstrittene Anrede „Herr" ist auch das religionskritische Moment zu betonen: Wenn Gott Herr – mein Herr – ist, verlieren alle menschlichen und göttlichen Herren an Macht. Die verbale Anerkennung Gottes als Herr drückt damit eine Befreiung aus, eben keine zusätzliche Unterdrückung. Als Beispiel wären hier die Psalmen aus weiblicher Sicht neu zu lesen: Sie drücken an vielen Stellen aus, wie alltägliche Unterdrückung und Gewalt gewissermaßen für die Beterin das Normale sind, wie sie sich aber ganz und gar nicht wortlos in die grausame Realität schickt, sondern sich mit starken Worten und Klagerufen an Gott, den Herrn, wendet und von Seiner Herrschaft und Macht ihre Befreiung einklagt (vgl. Ps 97,8: „Judas Töchter jubeln, Herr, über Deine Gerichte.")

2. Beispiele feministischer Liturgie

a) Kyrie, Wechselgesang, Kerzensegen

An drei Beispielen soll gezeigt werden, wie anregend oder zumindest neuartig Teile feministischer Liturgie sein können, aber wo auch die Grenzen zwischen christlich und postchristlich sind, obwohl diese Grenzen oft sanft verschwimmen!
In einer katholischen Sonntagsmesse zum Fest Mariae Verkündigung am 25. 3. 1986 in Haan im Rheinland wurde von einer Frau folgendes Kyrie gebetet:
„Gott unsere Mutter und unser Vater, Du verkündest Dich in unendlich vielen Zeichen des Lebens. Wir aber verschließen unsere Sinne leichter, als wir sie öffnen können.
Herr, erbarme Dich.
Jesus, unser Bruder, Du wußtest keinen heiligeren Weg, als göttliches Leben in die Welt zu kommen, als den Leib einer Frau. Wir

aber achten den weiblichen Körper gering, ängstigen uns vor seinem Geheimnis und spüren nicht, was Du durch ihn verkündigst.
Christus, erbarme Dich.
Geist Gottes,
wie Du Maria überschattet hast, so willst Du auch immer wieder in meiner Person Wohnung nehmen.
Es ist so schwer, Dich aufzunehmen und Dich über mich verfügen zu lassen.
Herr, erbarme Dich."[10]
Die Verfasserin, Helga Lancelle-Tullius, schreibt einleitend, daß sie das Thema „konsequent von (ihrer) weiblichen Erfahrung her aufgefaßt habe". Obwohl sie als Feministin schreibt, steht sie doch in der Tradition ihrer Kirche; sie betont zwar den Körper der Frau als heilsgeschichtlich wichtig und somit auch für alle Menschen wichtig, aber sie stört sich nicht an der Anrede „Herr"; sie kann Gott zwar auch als „Mutter" anreden, aber nimmt keinen Anstoß daran, daß Gottes Geist „über sie verfügen" möge. (In Bezug auf die feministische Betrachtung der Marienverehrung sei auf den Exkurs am Ende von Kapitel III verwiesen.)
Anders dagegen folgender „Wechselgesang über die Kraft der Frauen"[11]:
„Geist des Lebens, wir gedenken heute der Frauen, der bekannten wie der namenlosen, die zu allen Zeiten die Kraft und die Gaben, die du ihnen gegeben hast, nutzten, um die Welt zu verändern. Wir rufen diese unsere Urmütter an, uns darin zu helfen, in uns selbst die Kraft zu entdecken, die von dir kommt – und sie so zu nutzen, daß eine Welt entsteht, in der Gerechtigkeit und Frieden regieren.
Wir gedenken Sarahs, die zusammen mit Abraham Gottes Ruf folgte, ihre Heimat verließ und ihren Glauben auf einen Bund mit Gott gründete.

---

[10] Helga Lancelle-Tullius, Mariae Verkündigung, Liturgie und Predigt, Schlangenbrut Nr. 20, 1988, S. 13f.
[11] Ann M. Heidkamp, Wechselgesang über die Kraft der Frauen, in: Wir sind keine Fremdlinge mehr. Frauen halten Gottesdienst. Ein Werkstattbuch, Genf: Weltkirchenrat, 1980, S. 34f.

Wir bitten um die Kraft ihres Glaubens.
Wir gedenken Esthers und Deborahs, die durch ihr Handeln aus persönlichem Mut ihr Volk erretteten.
Wir bitten um die Kraft in ihrem Mut, um uns für das Gemeinwohl einzusetzen.
Wir gedenken Maria Magdalenas und der anderen Frauen, die Jesus nachfolgten und denen man keinen Glauben schenkte, als sie die Auferstehung verkündeten.
Wir bitten um die Kraft ihres Glaubens angesichts von Zweifel und Mißtrauen.
Wir gedenken Phöbes, Priscillas und der anderen Frauen in der frühen Kirche, die sie mit führten.
Wir bitten um die Kraft, um das Evangelium zu verkünden und die Gemeinden zu inspirieren.
Wir gedenken der Äbtissinnen des Mittelalters, die Glauben und Wissen lebendig erhielten.
Wir bitten um ihre Kraft zu Führungsrollen.
Wir gedenken Teresas von Avila und Katharinas von Siena, die sich gegen die Verderbtheit in der Kirche in der Zeit der Renaissance wandten.
Wir bitten um die Kraft ihrer Einsicht und die Offenheit und Unverblümtheit ihrer Sprache.
Alle:
Wir gedenken unserer eigenen Mütter und Großmütter, deren Leben das unsere geprägt hat.
Wir bitten um die besondere Kraft, die sie uns weitergeben wollten.
Wir beten für die Frauen, die in ihrem eigenen Zuhause Opfer von Gewalt sind. Möge ihnen die Kraft zuwachsen, ihre Angst zu überwinden und nach Lösungen zu suchen. Wir beten für die Frauen, die in einem Leben in Armut und Unterernährung stehen. Möge ihnen die Kraft der Hoffnung zuwachsen, um zusammen auf ein besseres Leben hinzuarbeiten...
Alle:
Wir beten für unsere Töchter und Enkelinnen.
Möge ihnen die Kraft wachsen, ihr ganz eigenes Leben für sich zu entdecken.

Alle:
Wir haben viele Frauen in Vergangenheit und Gegenwart besungen, die die Kraft hatten, das Leben mit zu gestalten. Jetzt ist es Zeit, auch uns selbst zu feiern. In einer jeden von uns ist wie in ihnen Leben, Licht und Liebe angelegt. In einer jeden von uns ist der Keim zu Kraft und Heiligkeit beschlossen. Mit unseren Körpern können wir Liebe fühlbar machen; mit unseren Herzen können wir Heilung bringen; mit unserem Verstand können wir Glauben, Wahrheit und Gerechtigkeit erkennen. Geist des Lebens, begleite uns in unserem Suchen."
Es ist sehr sinnvoll und notwendig, sich der vergessenen heiligen Frauen zu erinnern – in diesem Zusammenhang wäre auch für ProtestantInnen an den vergessenen Artikel 21 der Augsburger Konfession zu erinnern, der das Gedächtnis der Heiligen zwar nicht zur Fürsprache, aber als Ermunterung zum Glauben empfiehlt! Auf der anderen Seite ist der Gottesbegriff in diesem liturgischen Text recht verschwommen; wer ist mit „Geist des Lebens" eigentlich gemeint? Warum ist „in einer jeden von uns der Keim zu Kraft und Heiligkeit beschlossen"? Durch die Geburt als Frau sicher nicht – das wäre eine ganz und gar unchristliche und rein biologische Festlegung! Nach christlichem Verständnis könnte nur die Taufe solch ein „Keim" sein, aber gerade die ist ja geschlechtsübergreifend. Außerdem: Wenn die Frauen hier sagen: „Jetzt ist es Zeit, auch uns selbst zu feiern", so ist dies eine eindeutig postchristliche Aussage, und stellt, verbunden mit den obigen Unterscheidungen, das ganze liturgische Unternehmen in einen anderen Bezugsrahmen, nämlich jenseits der jüdisch-christlichen Tradition.
Beim dritten Beispiel, dem Kerzensegen, wird dies noch deutlicher, wenn man den Text mit der jüdischen Vorlage vergleicht: „Gesegnet bist du, Heilige, Alles in Allem, die du uns geheiligt hast durch deine Liebe und uns gerufen hast, die festlichen Lichter anzuzünden. Gesegnet bist du Gott/Göttin, der/die du uns am Leben erhältst und uns stützt. Du hast uns in diese Zeit gebracht und in alle anderen Zeiten. Möge dieses Haus und alle, die in ihm sind heute nacht, geweiht sein durch dein Ange-

sicht, das auf uns scheint, uns segnet und Frieden bringt. Amen!"[12]

Obwohl keine Textquelle angegeben ist, kann hier als Vorlage wohl nur der „Segensspruch beim Lichter-Anzünden" gemeint sein, wenn die Frau des Hauses am Sabbat die Sabbatkerzen anzündet. Dieser lautet allerdings: „Gelobt seist du, Ewiger, unser Gott, König der Welt, der du uns geheiligt durch deine Gebote und uns befohlen, das Sabbatlicht anzuzünden"[13]. Abgesehen von der „Göttin" ist es bezeichnend für die feministische Bearbeitung, daß die „Gebote" durch die „Liebe" und das „Befehlen" durch „Berufen" ersetzt bzw. abgemildert wird. Aus feministischer Sicht ist wohl „Befehlen" und „Gebot" als patriarchalisches Verhalten zu sehen und kann deshalb mit der „Göttin" nicht in Einklang gebracht werden.

b) Nonverbale liturgische Formen: Tanz und neue Rituale[14]

Auch außerhalb der feministischen Theologie oder der Frauenbewegung ist es im Sinne einer ganzheitlichen oder „integrativen" Liturgie schon teilweise verbreitet, im Gottesdienst zu tanzen oder sich tänzerisch zu bewegen.[15] Dabei handelt es sich entweder um die Vorführung einzelner (also ausgebildeter TänzerInnen), um „getanztes Evangelium", oder um relativ schnell von allen erlernbare Reigentänze. Diese stammen meistens aus der (mediterranen) Folkloretradition, haben teilweise ihre Wurzeln in vorchrist-

---

[12] Mary E. Hunt und Debbie Polhemus, Feministische Liturgien für die Fastenzeit. Aus dem Amerikanischen von Angelika Elixmann und Martina Meyer, Münster 1987, S. 28.
[13] Sidur Sefat Emet, Nachdruck von Lehrberger u. Co., Frankfurt a. M. / Rödelheim, o. J., Basel 1956, S. 80 f.
[14] Hier sei darauf hingewiesen, daß in feministischen Frauengottesdiensten oft auch Bilder eine wichtige Rolle spielen; da wir, die Verfasserinnen, eher einer „bilderlosen" (wenn nicht sogar bilderstürmenden!) Konfession angehören, mag uns verziehen werden, daß wir nur diesen Hinweis bringen!
[15] Vgl. dazu: Teresa Berger, Tanz als Ausdruck des Glaubens. Der Gottesdienst in Bewegung: Möglichkeiten, in: Geist und Leben, 1982, S. 339-352, und Josef Sudbrack, Schließt euch zusammen zum Reigen! (Psalm 118, 27). Eine Aufforderung zum liturgischen Tanz, in: Geist und Leben, 1982, S. 352-369.

licher Zeit und sollen vertiefte religiöse Besinnung wie auch ein starkes Gemeinschaftsgefühl körperlich und seelisch erleben lassen.

Gegenüber der oft kritisierten „Kopflastigkeit" und Bewegungsarmut westlicher Gottesdienste scheint sich hier ein Aufbruch zu mehr Bewegungsreichtum und Ausdrucksvielfalt im Gottesdienst abzuzeichnen. Dieser ist nicht nur auf Frauengottesdienste oder feministische Treffen beschränkt, sondern auch in anderen Formen kirchlichen Lebens zu finden. In der feministischen Theologie sind, was das Tanzen betrifft, die Grenzen fließend: Da kann eine kirchliche Mitarbeiterin schon mal in „heilsamen Tänzen zur Lichtmeßzeit" mit anderen Frauen auf die Suche nach der dreifaltigen Großen Göttin gehen u. ä. Das Bedürfnis der Frauen, spirituellen Erlebnissen auch körperlich Ausdruck zu geben, ist sicher berechtigt und in einer sehr bewegungsarmen Zeit wie heutzutage gewiß zu akzeptieren. Aber die Erfahrung von Frauensolidarität und/oder der Göttin in sich ist eben etwas sehr verschiedenes von der Erfahrung des dreieinigen Gottes, des Gottes der Bibel, der sich nach christlichem Verständnis in erster Linie in Wort und Sakrament erfahren läßt und ein „Mehr" an Erfahrung verspricht als nur das eigene Selbst. Diese Transzendenz Gottes ist gerade keine „Auslöschung des (weiblichen) Selbstbewußtseins", sondern eher eine Integration und Steigerung, ein Vorgang des Wachsens und Reifens. Jahrhundertelang wurde jede Art von Tanz im christlichen Gottesdienst eher abgelehnt[16], obwohl ein katholisches Hochamt durchaus als eine Art Choreographie betrachtet werden kann. Von feministischer Seite ist das Tanzverbot ein klarer Ausdruck patriarchaler Leibfeindschaft, die Frauen besonders trifft. Es wäre aber trotzdem zu fragen, ob hinter der Ablehnung des got-

---

[16] Dies gilt für die europäischen Kirchen, vgl. dazu Carl Andresen, Altchristliche Kritik am Tanz, in: Zeitschrift für Kirchengeschichte 72, 1961, S. 217-262; in Bezug auf die katholische Weltkirche sei auf die Konstitution „De sacra liturgia" (n. 37) hingewiesen, die zum Tanz im Gottesdienst meint: „Was im Brauchtum der Völker nicht unlöslich mit Aberglauben und Irrtum verflochten ist, das wägt sie (sc. die Kirche) wohlwollend ab..." (Das 2. Vatikanische Konzil, I. Teil, Freiburg/Br. 1966, S. 43); vgl. dazu auch Hugo Rahner, Der spielende Mensch, Einsiedeln 1952.

tesdienstlichen Tanzes nicht auch richtige Argumente stecken könnten: Ist die Ausdrucksform des Tanzes überhaupt geeignet, das Geschehen eines christlichen Gottesdienstes angemessen auszudrücken? Dies scheint mir eine ganz andere Fragestellung zu sein als das oben erwähnte Argument der Leibfeindlichkeit christlicher Tradition; die gesamte Frage nach den künstlerischen Ausdrucksmitteln im Gottesdienst wäre hierbei wieder neu zu überdenken. (Seit Schleiermachers Tagen liegt diese Frage im Protestantismus mehr oder weniger auf Eis!)
Zudem kann in diesem Zusammenhang auch die Auseinandersetzung um die „Adiaphora", die (gottesdienstlichen) Mitteldinge aus der Reformationszeit wieder aktuell werden – dabei könnte vielleicht herauskommen, daß es gar nicht um eine Ablehnung irgendeiner menschlichen Ausdrucksform an sich gehen kann, sondern daß nur entscheidend ist, ob eine solche Art des Tanzes eher einer Selbsterlösung nahekommt oder ob mehr geschieht, nämlich daß die Gegenwart des dreieinigen Gottes dadurch erfahren werden kann.
Was geschieht nun, wenn Frauen im Gottesdienst tanzen? (Dabei ist an sehr einfache meditative Reigentänze gedacht, die von allen Frauen schnell gelernt werden können.)
Wenn Frauen an einem öffentlichen Ort ohne Männer tanzen, noch dazu auf kirchlichem Grund und Boden, so kann das gesellschaftlich irritierend wirken:
1. Wie erwähnt, ist Tanzen im Gottesdienst traditionellerweise eine Tabuverletzung.
2. Im Gottesdienst bewegen sich Frauen im allgemeinen sehr spärlich, auch bei liturgischen Funktionen kommen sie, generell gesehen, wenig vor (dabei gibt es natürlich zwischen den Kirchen und auch den einzelnen Gemeinden große Unterschiede); als Tanzende sind sie nicht zu übersehen, nehmen sie gewissermaßen körperlich den Raum für sich in Anspruch.
3. Frauen sind traditionellerweise vom Mann her definiert. Wenn Frauen nur mit Frauen im Gottesdienst tanzen, drücken sie dadurch ihre Unabhängigkeit vom Mann aus, ja, sie setzen sich dem Verdacht aus, vielleicht sogar lesbisch sein zu können. (Auf das

Problem der lesbischen Frauen in der feministischen Theologie soll weiter unten eingegangen werden, s. Exkurs nach Kapitel III.)
4. So bewegend und befreiend („nach jahrhundertelangem Stillsitzen im Gottesdienst!") das gemeinsame liturgische Tanzen für Frauen sein kann, und so wichtig gewiß die Erfahrung von Frauengemeinschaft gerade in einer „Männerkirche" ist, es sollen auch die dabei auftretenden Schwierigkeiten nicht verschwiegen werden: was ist mit den Frauen, die sich nicht (mehr) so gut bewegen können, die durch solch eine liturgische Form ihre Unbeweglichkeit und Behinderung erst richtig empfinden? (Sind dann nicht wieder die Jungen, Schlanken und Schönen bevorzugt?!)
Die Lebendigkeit der „Frauenkirche" zeigt sich auch darin, daß neue Rituale entstehen.[17] Die tradierten rituellen Formen christlicher Religion fransen gewissermaßen aus; gerade Frauen, die sich sehr für feministische Theologie engagieren, entwickeln aus dem „Restbestand" ihrer Religiosität oft neue Formen oder entdecken halbvergessene Dinge wieder. So wie in der Bibelauslegung auch die Grenzen des biblischen Kanons für feministische Theologinnen fallen, sind auch die Grenzen zwischen kirchlichen und neuheidnischen oder schlicht unreligiösen Ritualen hier fließend.
Als Beispiel soll ein Ritual vorgestellt werden, das eine feministische „Taufe" darstellen soll:[18]
„Die Gemeinschaft versammelt sich im Halbkreis um die Person, die getauft werden soll. Sie nennt ihren neuen Namen und erläutert seine Bedeutung. Die Gemeinschaft heißt sie unter dem neuen Namen willkommen. Dann verliest sie ihre Lebensgeschichte und ihr persönliches Glaubensbekenntnis. Die Mitglieder der Gemeinschaft und die Initiandin (der Initiand) stehen auf und rezitieren eine Litanei des Exorzismus von den Mächten und Herrschaftsformen des Patriarchats. Eine(r) der Anwesenden hält während dieses Rituals eine Kerze hoch, und nach jeder Erklärung des

---

[17] Vgl. zum Folgenden Rosemary Radford Ruether, Unsere Wunden heilen, unsere Befreiung feiern: Rituale in der Frauenkirche, aus dem Amerikanischen von Olga Rinne, Stuttgart 1988.
[18] AaO., S. 149-151 passim.

Exorzismus wird eine Handglocke geläutet. Eine Litanei der Loslösung vom Patriarchat könnte die folgende Form haben:
Mächte der Zerstörung der Menschlichkeit, die Männer zu Werkzeugen der Herrschaft machen und Frauen in die Unterwerfung zwingen – hebt euch hinweg von uns!
Mächte der Gewalt in den Familien, die über die Kinder, die Frauen, die Schwachen und Alten in ihren Häusern herfallen und sie in der Sklaverei von Angst und Selbsthaß festhalten – hebt euch hinweg von uns! ...
Dann wird ein Gefäß mit Wasser und ein Handtuch gebracht. Über den Kopf der Initiandin (des Initianden) wird dreimal Wasser ausgegossen. Falls ein größeres Wasserbecken vorhanden ist, steigt die Initiandin (der Initiand) unbekleidet hinein und wird dreimal untergetaucht. Bei jedem Wasserguß oder jedem Untertauchen werden die Worte gesprochen: ‚Durch die Kraft des Ursprungs, den Geist der Befreiung und die Vorboten unserer Hoffnungen sei von der Macht des Bösen befreit. Mögen die Mächte der Gewalt, des Militarismus, des Sexismus, des Rassismus und der Ungerechtigkeit ... die Macht über dein Leben verlieren. Mögen diese reinigenden Wasser den Einfluß aller dieser Kräfte hinwegwaschen ...' Die Initiandin (der Initiand) steigt aus dem Wasser und wird mit einem weißen Gewand bekleidet. Ihre (seine) Stirn wird mit Öl gesalbt, eine Kerze wird ihr (ihm) in die Hand gegeben, eine reichbestickte Stola wird ihr (ihm) um die Schultern gelegt ... Im Anschluß an die Taufe vollzieht die Gemeinschaft die Abendmahlszeremonie mit Milch und Honig. Ein Kelch, in dem Milch und Honig gemischt sind, und eine Schale mit süßem Gebäck werden mit den Worten gesegnet: ‚Dies ist das Brot der Gemeinschaft, die in der Welt des Patriarchats versprengt war und die sich nun zu einem neuen Volk zusammenschließt, um eine neue Welt der Befreiung aufzubauen. Dies ist der Kelch der Erlösung, die Essenz des gelobten Landes, in dem Milch und Honig fließen, unserer wahren Heimat.' Brot und Kelch werden nun der (dem) Getauften gereicht und dann von der gesamten Gemeinschaft geteilt. Die Liturgie endet damit, daß die Teilnehmerinnen und Teilnehmer sich den Friedenskuß geben, sich an den Händen fassen und ein abschließendes Lied singen."

Es ist interessant, wie hier ein fast abgestorbener Teil der Taufliturgie, nämlich der Exorzismus, wiederbelebt, verändert und ausgebaut wird. An die Stelle Satans treten die verschiedenen gesellschaftlichen „Mächte", so, wie an die Stelle des dreieinigen Gottes die namenlosen Mächte „Kraft des Ursprungs, Geist der Befreiung und die Vorboten unserer Hoffnungen" treten. Von der Zugehörigkeit zu Gott, gar vom „Mitsterben" und „Mitauferstehen mit Christus" wird nicht mehr geredet, an seine Stelle tritt die Befreiung von der bösen Macht des Patriarchats, die Hoffnung auf das „gelobte Land", das allerdings doch reichlich unbestimmt bleibt. Auch bei dem anschließend skizzierten feministischen „Abendmahl" zeigt sich die erwähnte Einebnung bzw. Auslöschung des christlichen Gottes. Brot und Wein werden nicht als Leib und Blut des gegenwärtigen Christus verstanden, sondern als „Brot der Gemeinschaft". Bei dieser Kritik darf allerdings nicht vergessen werden, daß solche feministischen Rituale, die durchaus nicht nur in Amerika, sondern auch im deutschsprachigen Raum praktiziert werden, auch als eine Korrektur an einem verengten christlichen Sakramentsverständnis erklärt werden können. Das genaue Benennen der zerstörerischen Kräfte in und um uns ist sicher ein Hinweis, daß christliche Taufrituale hier einen „blinden Fleck" haben: Wird nämlich der traditionelle Exorzismus bzw. die Absage an den Satan ganz weggelassen, so ließe sich das auch so verstehen, daß die christliche Kirche das Böse um sie herum (und in ihr!) gar nicht mehr so genau wahrnehmen mag und sich eher an bestehende und oft ungerechte bzw. zerstörerische Verhältnisse angepaßt hat.

Abgesehen von solchen Ritualen mit erkennbar christlichen Wurzeln, entwickelt die „Frauenkirche" auch eigene Rituale, besonders für Zeiten im weiblichen Leben, die totgeschwiegen oder übergangen werden. Neben mir problematisch erscheinenden Ritualen – wie einem Scheidungsritual oder einem Heilungsritual nach einer Abtreibung – sei hier ein Heilungsritual für eine vergewaltigte Frau kurz zitiert:[19] „Die Teilnehmerinnen des Rituals

---

[19] AaO., S. 180.

bilden einen Kreis um die Frau, die vergewaltigt wurde. Eine Frau sagt: ‚Wir sind hier, weil unserer Schwester Gewalt angetan wurde. Ihr Körper, ihre Seele und ihr Geist sind grausam verletzt worden. Wir sind hier, um mit ihr zu trauern und mit ihr unsere Wut herauszuschreien. Wir sind außer uns vor Wut – wir sind voller Entrüstung über die Feindseligkeit gegen Frauen... Aber wir weigern uns aufzugeben. Wir werden erfolgreich weiterkämpfen. Wir werden uns nicht einschüchtern und zu furchtsamen Geschöpfen machen lassen, die ihren Anspruch auf Freiheit nicht durchsetzen können. Wir gehen hin, wo es uns gefällt, und wir tun, was wir wollen.' Eine zweite Frau sagt: ‚Wir stehen in Liebe und Mitgefühl zu unserer Schwester X, der Gewalt angetan wurde. Sie wurde grausam verletzt, aber sie ist nicht zerstört. Sie wurde gedemütigt, aber ihre Integrität ist unberührt. Sie war der Häßlichkeit ausgesetzt, aber ihre Schönheit ist unangetastet. Das Böse hat nach ihr gegriffen, aber sie ist gut... Wir bekräftigen ihre Ganzheit, ihre Güte, ihre Wahrhaftigkeit, ihre Integrität, ihre Schönheit...' Die Frau, die vergewaltigt wurde, kann sich nun entscheiden, ob sie über ihre Erfahrung sprechen will, oder ob sie lieber schweigen und sich in anderer, nonverbaler Weise ausdrücken will. Dann wird die Frau von der Gruppe zu einem rituellen Bad geleitet. Das warme Wasser, in das sie eintaucht, ist mit Kräutern versetzt und mit duftenden Blütenblättern bestreut. Sie wird massiert und mit warmem Wasser übergossen. Danach hüllen die Frauen sie in ein Tuch, salben sie mit duftendem Öl, kleiden sie in ein festliches Gewand und schmücken sie mit einem Kranz aus wilden Pflanzen, Blumen und Kräutern. Die Frauen versammeln sich wieder im Kreis um die Heilungssuchende; eine Frau legt ihr die Hände auf und sagt: (Indem sie ihr die Hände auf den Bauch legt): ‚Von der Gewalt, die deinem Körper angetan wurde, sei geheilt!' Alle anderen Frauen der Gruppe wiederholen: ‚Sei geheilt!' (Die Hände werden auf die Stirn aufgelegt): ‚Von der Gewalt, die deiner Seele und deinem Geist angetan wurde, sei geheilt!' Alle sprechen gemeinsam: ‚Der Segen unserer göttlichen Mutter umgibt dich, stützt dich, umfließt dich, liebkost dich und bringt dich zur Ganzheit. Sei heil und ganz, Schwester, sei heil und ganz!'"

An diesem Ritual, das nur Frauen vollziehen, wird deutlich, daß die neue Frauenbewegung einen historischen Schritt getan hat, indem sie auf das Unrecht der Vergewaltigung aufmerksam machte. (Es wäre zu untersuchen, ob und wie in früheren Zeiten kirchlicherseits auf eine Vergewaltigung reagiert wurde – vielleicht lassen sich doch Spuren finden, daß vergewaltigte Frauen in ihrem Leid nicht gänzlich allein gelassen und diffamiert wurden!) Die Solidarität der Frauen, die hier wie in allen feministischen Ritualen zum Ausdruck kommt, ist ein nachdenkenswerter Punkt für die Kirche – denn in allem (weiblichen) Leiden verstärkt Isolation und Verschweigen den Schmerz. Gewiß würde ein spezifisch christliches Ritual anders lauten müssen – aber ist es nicht beschämend, daß in unseren kirchlichen Formularen und Agenden, ja auch in „Sondergottesdiensten", Vergewaltigung und die alltägliche Frauenangst davor wohl nie vorkommt? Und das, obwohl etwa aus der Haltung Jesu gegenüber Frauen auch eine ganz andere Entwicklung möglich gewesen wäre!

3. Vertreterinnen feministischer Theologie

Im Laufe der letzten Jahre hat sich feministische Theologie auch in einer bald unübersehbaren Zahl theologischer Artikel und Bücher niedergeschlagen. Ausgehend vom „Mutterland" USA zieht die literarische Produktion feministischer Theologie (mit der üblichen Verspätung) auch im deutschsprachigen Raum immer weitere Kreise. (Die „Bibliographie zur Feministischen Theologie"[20] von 1988 weist 1803 Titel auf, ohne Vollständigkeit zu beanspruchen.) Im folgenden soll versucht werden, eine knappe Darstellung wichtiger Autorinnen feministischer Theologie zu geben. Da Frauen bislang in der Welt des Gedruckten eher eine Randrolle spielten oder, wie feministische Frauenforscherinnen nicht müde werden zu wiederholen, einfach unsichtbar in der Geschichte blie-

---

[20] Zusammengestellt von Ursula Vock und Ursula Riedi in Zusammenarbeit mit Ina Paetorius, herausgegeben von der ökumenischen Zeitschrift „Schritte ins Offene", Zürich 1988.

ben, scheint es uns angemessen, die Verfasserinnen dieser theologischen Werke ausdrücklich mit Namen und als einzelne zu behandeln (auch wenn die meisten dieser Schriften nur in Zusammenarbeit mit anderen Frauen – und Männern – möglich waren). Zwar soll hier eine grobe Einteilung nach Richtungen versucht werden, aber wichtig ist das deutliche Benennen der einzelnen Frauen und die eingehende kritische Auseinandersetzung mit ihren jeweiligen Entwürfen.

Statt ermüdender vollständiger Aufzählung haben wir einige als exemplarische Beispiele herausgegriffen, wobei wir uns bewußt sind, keine Entscheidung mit Ewigkeitsanspruch getroffen zu haben! (Und im Verlauf der Erstellung dieses Buches sind schon wieder neue Autorinnen und alte Autorinnen mit neuen Büchern auf dem Markt erschienen ...)

a. Biblisch-feministische Richtung

Genannt werden sollen hier Theologinnen, die sich der christlichen Tradition verbunden wissen, aber versuchen, sie neu – feministisch – zu interpretieren. Manchmal werden diese Autorinnen, aus radikal-feministischer Perspektive gesehen, auch „neo-orthodox" genannt.

VIRGINIA R. MOLLENKOTT

In ihrem auch in deutsch erschienenen Buch „Gott eine Frau? Vergessene Gottesbilder der Bibel"[21] versucht Virginia R. Mollenkott einfühlsam, den weiblichen Bildern der Bibel für Gott nachzuspüren, wie auch die Wirkungsgeschichte dieser Bilder teilweise aufzunehmen.

Christlichen Feminismus definiert sie so: „Feminismus ist einfach die Verpflichtung, sich für die politische, wirtschaftliche und so-

---

[21] Mit einem Nachwort von Elisabeth Moltmann-Wendel. Aus dem Englischen übertragen von Christa-Maria Knirck. München 1984. (Beck'sche Schwarze Reihe; Bd. 295.)

ziale Gleichstellung von Mann und Frau, Junge und Mädchen in allen Lebensbereichen einzusetzen. Christliche Feministen und Feministinnen glauben darüberhinaus noch, daß Gegenseitigkeit – gegenseitiger Respekt und gegenseitige Rücksichtnahme, gegenseitiges Anteilnehmen und gegenseitiges Dienen – zu der Art von Beziehungen gehört, die von Jesus beispielhaft gelebt und in den neutestamentlichen Briefen weiter entfaltet wurden. Deshalb sind sowohl Männer als auch Frauen, sofern sie die Verpflichtung zu Gleichheit und Gegenseitigkeit zwischen den Geschlechtern teilen, Feministen."[22] Mit Sorgfalt sieht Virginia R. Mollenkott die Hebräische Bibel, das Neue Testament wie auch die außerkanonischen Schriften dazu durch und findet Gott als gebärende Frau, als stillende Mutter, wie auch eine ganze Reihe mütterlicher Aspekte Gottes. Als pastorale Konsequenz dieser wichtigen biblischen Befunde hofft sie: „Wenn dargestellt werden kann, wie Gott ‚minderen' weiblichen Beschäftigungen beim Aufziehen der Kinder nachgeht, dann sollte sich wirklich kein Mensch dafür zu gut sein, sich zu solchen Aufgaben ‚herabzulassen'."[23] Virginia Mollenkott sieht hier deutlich ein Manko in der protestantischen Tradition: Trotz des eindeutigen sola scriptura ist selten von den mütterlichen Aspekten Gottes die Rede, sondern nur von der reinen Lehre, „klar wie Eis und gerecht wie die Kälte". Deshalb ist es gewiß nicht überflüssig, aus der Bibel Gott als Geburtshelferin, Adlermutter, Henne und Bäckerin zu beschreiben. Dabei gelingt es der Autorin, Gott als Gegenüber festzuhalten und nicht nur als ausgeweitetes autonomes Ich zu beschreiben (wie es meist bei der feministischen Mutation von „Gott" zur „Göttin" der Fall ist). Sollte tatsächlich, wie Virginia Mollenkott erhofft und vorschlägt, im kirchlichen Leben mehr und mehr die weibliche Seite der Dreieinigkeit auch sprachlich hervortreten, so ist zu bedenken, daß ein wesentliches Element des biblischen Gottesbildes auch seine Transzendenz ist. So wichtig und notwendig sicher die sprachliche Verwurzelung Gottes auch in der Welt der Frauen ist, so unaufgebbar ist es, Gottes Geheimnis festzuhalten, also etwa in Gebet und

[22] AaO., S. 8.
[23] AaO., S. 32.

Liturgie darauf hinzuweisen, wie unsere Worte und Bilder immer nur ein schwacher Versuch sind, etwas von Ihm auszudrücken – dies gilt für männliche wie für weibliche Bilder. In den letzten Jahrzehnten hat die politische wie jetzt auch die feministische Theologie zur Sprache gebracht, wie menschlich und politisch bedingt die biblische Rede von Gott ist. So berechtigt dieses Anliegen sein mag, wurde dabei nicht vergessen, wie überwältigend und alles Begreifen sprengend die Erfahrung des lebendigen Gottes immer wieder ist, buchstäblich „die Sprache – auch weibliche – verschlagend"?

b. Feministische Kirchengeschichtsforschung

ELISABETH GÖSSMANN UND DIE FEMINISTISCHE KIRCHENGESCHICHTSFORSCHUNG

Daß die Geschichte der Frauen, speziell auch die der gelehrten Frauen vergangener Zeiten, stets so schnell wieder in Vergessenheit geriet – dies ist eine der wirklich bahnbrechenden Erkenntnisse des Feminismus. Auch in Bezug auf zwei Jahrtausende christlicher Kultur ist es schwer vorstellbar, daß immer und überall die Hälfte der Menschheit geistig völlig unproduktiv und sprachlos gelebt hätte. Die feministische Frauenforschung bemüht sich deshalb, die „verschwundenen Frauen" wieder zu entdecken und somit den heute und morgen lebenden Frauen das Bewußtsein zu geben, als Frauen geistige Wurzeln zu haben. Oder, um mit der feministischen Künstlerin und Erfinderin der „Dinnerparty", Judy Chicago, zu sprechen: „Our heritage is our power!"[24] Die feministische Theologin Ruth Albrecht meint deshalb: „Feministische Kirchengeschichtsschreibung richtet ihre Aufmerksamkeit in er-

---

[24] Judy Chicago erstellte einen Gedächtnistisch mit fast tausend kunstgewerblich sorgsam ausgestalteten Gedecken zur Erinnerung an einst bedeutende Frauen. Darunter sind auch eine Reihe Christinnen, z. B. die irische Klostergründerin Sainte Bridget (5./6. Jh.) oder die mittelalterlichen Äbtissinnen Odilia von Hohenburg und Herrad von Landsberg.

ster Linie auf Informationen über Frauen und weibliche Lebenszusammenhänge, die von der androzentrischen Geschichtsschreibung fast völlig vernachlässigt wurden. Bei dieser Suche nach Spuren von Frauentraditionen wird sehr deutlich, daß das, was uns als Geschichte beigebracht worden ist, nicht auf einer objektiven Wiedergabe der realen Zustände, sondern auf der Auswahl der Historiker beruht."[25]

Für den deutschsprachigen Raum leistete Elisabeth Gössmann hier Pionierarbeit. Sie ist Professorin an der Seishin Universität für „Christian Studies" und theologische Ehrendoktorin der Universität Graz. Ihr „Archiv für philosophie- und theologiegeschichtliche Frauenforschung" ist zwar allgemein als Editionswerk von Arbeiten zum „abendländischen Diskurs über die Rolle des Weiblichen in der Geschichte" konzipiert, bringt aber in Band 3 u. a. Texte über die Spuren „feministischer Theologinnen" des 17. und 18. Jahrhunderts.[26]

Der bewußte Blick aus weiblicher Sicht ist eine notwendige Voraussetzung feministischer Theologie, um vergessene Frauentexte überhaupt aufzuspüren, und genauso, um bekannte Texte gegen den männlichen Strich zu lesen und daraus für das eigene Frauenleben Gewinn zu ziehen. Elisabeth Gössmann versucht dies in verschiedenen Aufsätzen zu mittelalterlichen Frauen wie z. B. Hildegard von Bingen. Dabei vereinigt Elisabeth Gössmann den feministischen Ausgangspunkt mit großer Sorgfalt und Genauigkeit: „Hildegard (gelangt nun) zu ihrer vielfach variierten und theologisch so belangvollen Frau-Christus-Parallele, die in der von Männern stammenden Schultheologie wohl kaum ihresgleichen haben dürfte. Nur Christus und die Stammutter sind non ex semine, sed ex carne. Deshalb ist es nicht zu verwundern, wenn Hildegard

---

[25] Ruth Albrecht, Wir gedenken der Frauen, der bekannten wie der namenlosen, in: Christine Schaumberger, Monika Maaßen (Hg.), Handbuch Feministische Theologie, Münster 1986, S. 314.
[26] Elisabeth Gössmann (Hg.), Archiv für philosophie- und theologiegeschichtliche Frauenforschung, Band 3, Johann Caspar Eberti, Eröffnetes Cabinet Des Gelehrten Frauen-Zimmers (Nachdruck der Ausgabe 1706, Frankfurt und Leipzig), München 1986.

auch zwischen dem Auftrag des Christus und der Eva Ähnlichkeiten entdeckt. Im ‚Liber vitae meritorum' arbeitet Hildegard adversativ: Die Schwäche der Frau brachte die ganze Welt, also die Menschheit hervor, so wie die Schwäche des Sohnes Gottes, seine Menschennatur, die Welt durch die Erlösung in ihren ursprünglichen Zustand versetzte. Diese Form der Christus-Eva-Parallele bedeutet eine ungeheure Aufwertung des Schwachen, ohne daß es hier als zart oder agil modifiziert würde, einfach als Ursprung starken Lebens, das aus ihm hervorgehen kann..."[27] Oder in Bezug auf das umstrittene Gottesbild ist Hildegards Sicht bedeutsam: „Die gegenseitige Spiegelung von Gottes Bild im Menschen und des Menschen Bild in Gott, eines der Grundthemen Hildegards, begegnet vor allem in ihrer Erklärung der menschlichen Gottbildlichkeit: ‚Durch die Gabe der göttlichen Gnade begegnet Er dem Menschen, der durch Sünden verwundet ist, mit Barmherzigkeit. Er nimmt sich seines Elends so an, daß Er ihm den Wein der Buße einflößt und ihn mit dem Öl der Barmherzigkeit salbt... Und das ist wie frauliches Tun'."[28]

EXKURS: DIE HISTORISCHEN HEXENVERFOLGUNGEN IN FEMINISTISCH-THEOLOGISCHER SICHT

Die Hexenverfolgungen zu Beginn der frühen Neuzeit wurden durch die zweite Frauenbewegung auf neue und beklemmende Weise ins allgemeine Bewußtsein gebracht, nämlich als ein systematischer Genozid an Frauen, als konsequenter Frauenmord. Hier, bei der Behandlung der Hexenverfolgung innerhalb feministischer Frauenforschung zeigt sich auch deutlich, daß Frauen über gefolterte und lebendig verbrannte andere Frauen nicht so leicht „objektiv und sachlich" mit kühl-sezierendem Wissenschaftlerblick reden können, wie das bislang von männlicher Seite eher

---

[27] Elisabeth Gössmann, ‚Ipsa enim quasi domus sapientiae', Die Frau ist gleichsam das Haus der Weisheit. Zur frauenbezogenen Spiritualität Hildegards von Bingen, in: Margot Schmidt, Dieter Bauer (Hg.), „Eine Höhe, über die nichts geht". Spezielle Glaubenserfahrung in der Frauenmystik? Stuttgart 1986, S. 1–18, S. 11f.
[28] AaO., S. 17.

der Fall war (wenn die Hexenverfolgungen überhaupt groß in den Blick kamen)[29]. Der eindeutig parteiliche Blick feministischer Geschichtswissenschaft – und damit auch einer feministischen Kirchengeschichtsbetrachtung – bringt die bislang eher verdrängte Gewalt gegen Frauen schmerzhaft und grell ans Tageslicht. Für feministische Theologinnen ist dann die Erkenntnis besonders schlimm, daß die Frauen unter Mitwirkung der Kirche zu Tode kamen, ja, daß manche meinen, der Frauenhaß in der Hexenverfolgung sei gewissermaßen systemimmanent und immer noch vorhanden! Mary Daly (s. u.) hat in ihren Werken hier Pionierarbeit geleistet und Zusammenhänge behauptet, die nicht so schnell vom Tisch gewischt werden können.

Im kirchlichen Bereich wurde das Thema Hexenverfolgung bekannt, seit Jutta Voss (s. u.) ihr „Frauenrequiem" beim Kirchentag in Frankfurt 1987 erstmals aufführte und es seitdem in vielen Gemeindehäusern und auch Kirchen wiederholte.[30] „Absicht der Autorin ist es, damit an das 300 Jahre währende Foltern und Morden von als Hexen bezeichneten Frauen zu erinnern, darüber zu klagen. Sie sieht eine Parallele zur Passionsgeschichte Jesu, baut das Requiem entsprechend auf mit musikalischen Zitaten aus J. S. Bachs Passionsmusiken und Bibelzitaten, dazu zeigt sie Dias von zeitgenössischen Darstellungen von Frauenfolterungen und gibt historische Information dazu."[31]

Die Diskussion um das Frauenrequiem zeigte allerdings, wie schwierig es ist, die Zusammenhänge zwischen Frauenmord (Hexenverfolgung) und kirchlicher Kreuzestheologie aufzuzeigen, noch dazu auf einer ganz und gar emotionalen Ebene, die bewußt jede Reflexion ausschließt. Für manche Frauen sind die Hexenver-

---

[29] Vgl. dazu: Erika Wisselinck, Hexen. Warum wir so wenig von ihrer Geschichte erfahren und was davon auch noch falsch ist. München 1986; vgl. auch Bernhard Wenisch, Satanismus (s. Anm. 28), S. 33-37.
[30] Jutta Voss, Frauenrequiem, hg. als Informationspapier Nr. 72/1987 von der Deutschen Evangelischen Arbeitsgemeinschaft für Erwachsenenbildung, Schillerstr. 58, 75 Karlsruhe 1.
[31] Erika Wisselinck, Darf das Leiden der als Hexen verbrannten Frauen mit dem Leiden Jesu verglichen werden? Gedanken zum Frauenrequiem. Schlangenbrut 29, Mai 1990, S. 34-37, S. 34.

folgungen ein klarer Beweis für die Frauenfeindlichkeit der christlichen Kirche und ein triftiger Grund mehr, diese Kirche hinter sich zu lassen – das „Frauenrequiem" und ähnliches[32] habe dies nur offengelegt. Andere sehen im unschuldigen Leiden der Frauen damals das Leiden Jesu, wobei die Spannung bestehen bleibt, daß die christlichen Kleriker an diesen Qualen und dem Sterben der Frauen nicht unschuldig waren.

Wir denken, es ist ein Verdienst des Feminismus und feministischer Theologie, auf diese so dunkle und verdrängte Seite der Kirchengeschichte hingewiesen zu haben. Die Feministin Claudia Honegger vermutet als Resümee und Ausblick: „Die Hexenverfolgungen, denen von 1500 bis 1660 zu 80-90% Frauen zum Opfer fielen (vorher und nachher war der Anteil der Männer und auch Kinder oft höher) haben dazu beigetragen, die Selbstverständlichkeit weiblicher Kultur und Solidargemeinschaft zu zerstören... Eine Langzeitwirkung ist zudem in jenem weiblichen Verhalten zu sehen, das durch die Verfolgungsgefahr impliziert prämiert wurde: Um erst gar nicht in den Verdacht der Hexerei zu kommen, mußten die Frauen der frühen Neuzeit jeglichen Ungehorsam gegenüber den neuen patriarchalischen Ordnungsprinzipien in Familie, Kirche und Staat vermeiden."[33]

Als Konsequenz wäre, ähnlich wie in der theologischen Antijudaismusdebatte, immer wieder auf frauenfeindliche Anteile in der Theologie hinzuweisen, damit Männer (wie auch Frauen!) hier umdenken können und ein geschwisterliches Handeln im Raum der Kirche möglich wird.[34] Erlebnisse wie das folgende sollten der Vergangenheit angehören: Ich (Elisabeth Schneider-Böklen) habe rote Haare; bei einem Vorstellungsgespräch meinte der leiten-

---

[32] Vgl. etwa Claudia Honegger, Art. Hexen, in: J. Beyer u.a. (Hg.), Stichworte zur Selbstbestimmung, Frauenhandlexikon, München 1983, Sp. 491-500 (dort weitere Literatur).
[33] Claudia Honegger, Art. Hexen, in: J. Beyer u.a. (Hg.), Frauenhandlexikon, München 1983, Sp. 498.
[34] Ein hoffnungsvoller Versuch in dieser Richtung ist der Beschluß der Synode der Evang. Kirche in Deutschland vom November 1989: Die Gemeinschaft von Frauen und Männern in der Kirche, Gütersloh 1990; s. oben S. 20f.

de Kirchenmann als einleitenden, „auflockernden Scherz": „Sie hätte man früher auch verbrannt..."

c. Befreiungstheologische Richtung

Für eine ganze Anzahl feministischer Theologinnen ist die Befreiungstheologie gewissermaßen die Mutter der feministischen Theologie. Dies betrifft sowohl Katholikinnen wie Protestantinnen, obwohl es natürlich charakteristische Unterschiede gibt. Bevor wir einzelne Autorinnen, die im deutschen Sprachraum besonders bekannt sind, vorstellen, möchten wir vier Themenkreise nennen, die diesen Theologinnen inhaltlich gemeinsam sind.

BEFREIUNGSTHEOLOGIE

Feminismus und feministische Theologie zeigen deutliche formale und inhaltliche Parallelen zu den Befreiungsbewegungen (z.B. von Schwarzen) und zur Befreiungstheologie.[35] Beide gehen aus von der Erfahrung, daß eine bestimmte Gruppe von Menschen von einer anderen unterdrückt und als minderwertig eingestuft wird. Dabei haben die Unterdrückten diese Einstellung internalisiert. Beide haben das Ziel, die Würde des Menschen, sein Personsein, innerhalb einer gerechten Gesellschaftsordnung wiederherzustellen.
Bei beiden Bewegungen gehen Theorie und Praxis Hand in Hand: Menschen – Schwarze, ethnische Minderheiten, Frauen – werden sich ihrer Unterdrückung bewußt. Sie schließen sich zusammen. Ihre bisher von anderen und von ihnen selbst gering geachtete Eigenart wird aufgewertet („black is beautiful"). Die Selbstentfremdung in Sprache und Symbolen, auch innerhalb der Kirche, wird aufgedeckt. Die Suche nach den eigenen Wurzeln in der Geschich-

---

[35] S. dazu James H. Cone, Schwarze Theologie, München 1969; Gustavo Gutiérrez, Theologie der Befreiung, Mainz [10]1991; Theo Sundermeier, Christus, der schwarze Befreier. Stimmen aus der „Schwarzen Theologie" im südlichen Afrika, Erlangen 1980.

te beginnt. Neue Gemeinschaftsformen und ein neuer Umgang mit Macht wird entwickelt. Es darf zu keiner vorschnellen „Versöhnung", z. B. zu der Anpassung von einigen Schwarzen an die weiße Welt oder zum Mitmachen von Frauen in männlichen Strukturen kommen. Die Gegensätze müssen durchgehalten werden, aber mit dem Ziel einer erneuerten Gesellschaft, der „Solidarität mit allen Entrechteten"[36]. Wie in der Befreiungstheologie unterdrückte Minderheiten nach dem Gott fragen, der ihnen im Kampf gegen ungerechte Verhältnisse beisteht, so fragen Frauen nach einer Theologie und Spiritualität, die ihnen im Kampf gegen das Patriarchat und in der Suche nach einer neuen Identität hilft. Kritisch werden Gottesbilder und theologische Systeme als mögliche Werkzeuge der Unterdrückung betrachtet und analysiert.

EINE OFFENE HOFFNUNG AUF DAS REICH GOTTES (ESCHATOLOGIE)

Das Reich Gottes ist ein den Autorinnen sehr geläufiger Begriff. Es wird beschrieben als Gemeinschaft, Gegenseitigkeit, Ganzheit von Körper und Geist, von Verstand und Gefühl, als Erfüllung der biblischen Vision von Jesaja 11,6-9 von einem allumfassenden Friedensreich. Aber diese Visionen werden nicht zur starren Utopie – wie in manchen rein feministischen Entwürfen. Sie sollen nicht in einer Art endzeitlichem Kampf gegen das Patriarchat verwirklicht werden. Stattdessen plädieren die Autorinnen für Offenheit, für Selbstkritik, für kleine Schritte statt großer Träume, die unfrei und unrealistisch machen würden.

Neben dem Kampf wollen sie die „Reise nach innen" antreten in Selbstbesinnung und Selbstkritik, aber auch darin, daß sie ihre eigene Stärke erfahren.

ANALYSE UND ERKLÄRUNG BESTIMMTER BEGRIFFE

Begriffe wie „Feminismus" und „Patriarchat" werden nicht als leere Begriffshülsen gebraucht oder mit beliebigem Inhalt gefüllt,

---

[36] Catharina J. M. Halkes, Suchen, was verloren ging. Beiträge zur feministischen Theologie. Gütersloh 1985, S. 110. Im folgenden mit „Halkes 2" zitiert.

sondern ausführlich – auch aus ihrer Geschichte – erläutert. Feminismus ist für diese Autorinnen der Weg der Frauen von der „Fremdbestimmung (durch den Mann) zur Selbstbestimmung".[37] Er bedeutet eine grundlegende Kritik an den Strukturen der Gesellschaft, vor allem daran, daß die Frau vom Mann dominiert wird, auch wenn sie auf Grund der Emanzipation mitmachen darf. Die Autorinnen entwerfen ein Bild der – historisch kaum faßbaren – Entwicklung vom Matriarchat zum Patriarchat und greifen dafür auf die Ergebnisse von Archäologie, von Märchen-, Sagen- und Sprachforschung zurück. Dabei ergibt sich folgendes: Während in der Frühgeschichte der Menschheit, in der Sammler- und Hackbauzeit, die Frau vorrangig wichtig war als Nahrungs- und Kleidungsherstellerin, als Nährende und Gebärende – was sich auch an den weiblichen Idolen zeigt –, erhöht sich mit der Erfindung des Pfluges und der Viehwirtschaft die Bedeutung des Mannes, der nun erst als Erzeuger der Kinder bekannt wird. Mit seiner wirtschaftlich stärkeren Rolle beginnt auch seine Überlegenheit im Zusammenleben. Die Frau verliert ihre grundlegende Bedeutung und wird zum Eigentum des Mannes, der sie auf bestimmte Aufgaben und Rollen einschränkt. Der wirtschaftlichen und gesellschaftlichen Entwicklung folgt die religiöse Veränderung: Waren in der von den Müttern beherrschten (matriarchalischen oder matrilinearen) Gesellschaft Göttinnen und Priesterinnen bestimmend, so überwiegen jetzt die männlichen Gottheiten. Das Weibliche wird dämonisiert und als Materie, Gefühl und Natur gegenüber dem männlichen Geist und Verstand abgewertet. Uralte Symbole – wie die Schlange als Ausdruck von Wiedergeburt und Weisheit – werden zur Gestalt des Bösen (Gen 3). Das Patriarchat gilt zwar als eine geschichtlich notwendige Entwicklung, weil es den Menschen aus seiner Verhaftung an die Natur herauslöste und auf den Weg der Geschichte brachte, aber die damit verbundene Abwertung der Frau hat zu einem lebensgefährlichen Dualismus von Verstand und Gefühl, öffentlich und privat, Geist und Fleisch geführt, der auch den Männern schadet.

---

[37] Halkes 2, S. 151.

Die Auslegungsmethode („Hermeneutik") des Suchens nach dem Verlorenen und Verschütteten

Das Patriarchat hat mit seinen Vorstellungen die weiblichen Elemente und Ausdrucksmöglichkeiten in der Kultur und Gesellschaft überlagert. Dies ist auch in der Bibel geschehen. Darum bemühen sich die Autorinnen um ein neues Hören, Sehen, Verstehen von Bibel und theologischer Tradition mit dem Ziel, implizit Vorhandenes und Verdecktes neu ans Licht zu bringen.

Elisabeth Schüssler Fiorenza

Die Professorin für Neues Testament an der Harvard Universität hat in ihren beiden Hauptwerken „Zu ihrem Gedächtnis..."[38] und „Brot statt Steine"[39] eine kritisch-feministische Hermeneutik entwickelt. Sie versucht mit Hilfe der historisch-kritischen Methode – aber aus dem Blickpunkt von Frauen – diese „in die frühchristliche Geschichte zurückzuschreiben" und sie im Neuen Testament überhaupt erst sichtbar zu machen. Diese Methode steht in der Tradition der Befreiungstheologie, durch die den kolonisierten Menschen der Dritten Welt u. a. ihre Würde und ihre Geschichte wiedergegeben werden soll. Ähnlich vermutet Elisabeth Schüssler Fiorenza in ihrer „Hermeneutik des Verdachts" vergessene Spuren von Frauen in den biblischen Texten. Ein Beispiel ist die Geschichte der salbenden Frau (Mk 14,3-9 parr.), deren Namen vergessen wurde, obwohl Jesus die Weisung gab, daß von ihr „zu ihrem Gedächtnis" in Zukunft erzählt werden sollte! Das Patriarchat sieht Elisabeth Schüssler Fiorenza sozialpolitisch, es „hat seine Wurzeln nicht in angeborenen biologischen Geschlechtsunterschieden, sondern es hat seinen Ursprung und sein Zuhause im patriarchalen Haushalt und dessen Eigentumsverhältnissen". Frau-

---

[38] Eine feministisch-theologische Rekonstruktion der christlichen Ursprünge. Aus dem amerikanischen Englisch übersetzt von Christine Schaumberger, München / Mainz 1988.
[39] Die Herausforderung einer feministischen Interpretation der Bibel. Aus dem Englischen übersetzt von Karel Hermann. Von der Autorin durchgesehene Übersetzung, Freiburg/Schweiz, 1988.

enerfahrung ist demnach keine biologische, sondern eine gesellschaftliche Größe. Folglich spielt die Geschichte für sie eine wichtige Rolle und gegen den Vorwurf radikaler postchristlicher Feministinnen, die eine Beschäftigung mit der Bibel bestenfalls als Zeitverschwendung ansehen, meint sie: „Wir westlichen Frauen können unsere persönliche, kulturelle und religiöse christliche Geschichte nicht völlig abtun und vergessen. Entweder werden wir sie in eine neue, befreiende Zukunft verwandeln, oder wir werden weiterhin ihrer Tyrannei unterworfen bleiben, egal, ob wir ihre Macht anerkennen oder nicht."[40] Schüssler Fiorenza möchte ein Paradigma für das Verstehen biblischer Offenbarung entwickeln, das „das Neue Testament nicht als Archetyp, sondern als Prototyp begreift".[41]

Dabei geht sie davon aus, daß die bislang übliche Randfrage nach der „Stellung der Frau" in der urchristlichen Kirche wegfällt (wo gibt es Artikel über den „Mann im Urchristentum"?!) zugunsten einer Blickrichtung, die Frauen selbstverständlich im Zentrum christlichen Lebens – als aktive Mitglieder und auch Leiterinnen der Gemeinden – wahrnimmt. Ihr sozialgeschichtlich geschulter Blick sieht dabei auch etwa, daß in der hellenistischen Welt Frauen der Oberschicht durch ihre Teilnahme an religiösen Kulten (wie den Mysterien) mehr Freiheit und mehr Wirksamkeit in der Öffentlichkeit erhalten konnten; Frau ist eben nicht gleich Frau: Auch unter den jüdischen Proselytinnen werden viele Frauen von hohem sozialen Rang genannt. Ganz ernst nimmt Elisabeth Schüssler Fiorenza das Judesein Jesu. Sie geht dabei von der Warnung Judith Plaskows, einer jüdischen Feministin in den USA, aus, daß christliche Frauen nur allzugern den jüdischen Hintergrund Jesu negativ darstellen, um Jesus dann umso positiver als radikalen Umstürzler und Befreier zu zeichnen. Oft wird (von Feministinnen) angeführt, daß ein frommer Jude heute noch im täglichen Morgengebet Gott dankt, nicht als Frau geschaffen zu sein. Schüssler Fiorenza arbeitet die gesellschaftlichen Bedingungen zur Zeit Jesu heraus und kommt zu dem Schluß: „Dies ist kein frauen-

[40] AaO., S. 18.
[41] AaO., S. 67.

feindliches Gebet, sondern ein Ausdruck der Dankbarkeit für religiöse Privilegien von Männern."

Anzufragen wäre, ob Jesus und Sophia, die Weisheit, so glatt in eins gesetzt werden können, wie sie es tut. Ist die Sophia wirklich „Israels Gottheit in der Sprache und Gestalt der Göttin"? Ist die erste christliche Theologie dann „Sophialogie"? In Zusammenhang damit wäre der Haupteinwand gegen Elisabeth Schüssler Fiorenza und die meisten der feministischen Theologinnen zu erwähnen, nämlich der, daß der auferstandene, lebendige und gegenwärtige Christus so gut wie keine Rolle bei ihr spielt. Die von ihr wiederholt herausgearbeitete „Nachfolgegemeinschaft der Gleichgestellten", also von Männern und Frauen, bleibt für sie ein historisches Modell, das wir nachvollziehen können. Es geht nur darum, „fortzusetzen, was Jesus getan hat", um eine „verbindliche Übernahme frühchristlicher Glaubensperspektiven". Mit einer möglichen Begegnung mit dem Auferstandenen wird gar nicht gerechnet, deshalb scheint mir auch die von ihr anvisierte „Ekklesia der Frauen" sehr fragwürdig, in der „im Brechen des Brotes und im gemeinsamen Trinken" auch das Leiden der Frauen und ihre Auferstehung in der biblischen Religion gefeiert wird. Ob diese Ekklesia biblisch ist, wenn sie eine „Versammlung freier BürgerInnen darstellt, die über ihr geistliches Wohlergehen selbst bestimmen"? Das Ergriffensein durch den lebendigen Christus, wie es gerade auch Frauen aller Zeiten und Länder immer wieder erfahren, stellt einen ganz anderen Ausgangspunkt von Kirche dar!

LUISE SCHOTTROFF

Feministisches Engagement und befreiungstheologischer Ansatz verbinden sich bei den Arbeiten der evangelischen Theologin Luise Schottroff, Professorin für Neues Testament an der Gesamthochschule Kassel. Sie ist bewußt der sozialgeschichtlichen Methode verpflichtet und trug mit der Genauigkeit und Sorgfalt ihrer Arbeiten dazu bei, der feministischen Theologie im deutschsprachigen Raum zu einer neuen, wissenschaftlich fundierten Sicht des Neuen Testaments zu verhelfen. Ihre Ergebnisse sind dabei ei-

genständig, wie noch zu zeigen sein wird. Bislang interessierte sich die exegetische Wissenschaft in Deutschland nur ganz am Rande für das Vorkommen von Frauen in biblischen Texten, bzw. die wenigen Arbeiten früherer Theologinnen sind bereits wieder aus dem allgemeinen Theologengedächtnis verschwunden![42]
Gegenüber den bei feministischen Theologinnen so beliebten Schnellschlüssen („Das ganze Neue Testament ist patriarchal und frauenfeindlich – deshalb: weg damit!") betrachtet Luise Schottroff sehr sorgsam auch den politisch-sozialen Kontext und sieht dann, daß etwa angeblich klassisch-frauenfeindliche Äußerungen des Paulus und anderer Briefschreiber ganz anders zu verstehen sind: Die Forderung nach dem Frauenschleier (1 Kor 11,2-16) und das berühmte Schweigegebot (1 Kor 14,34) sind in ihrem öffentlichen und gesellschaftlichen Zusammenhang zu sehen und zudem auf dem Hintergrund, daß „die Frauen in den Gemeinden eine ... eindeutige Gleichberechtigung und Partnerschaft mit den Männern (hatten). Ihre Rolle wich also von den Vorstellungen der Menschen, die in Politik, Verwaltung und Kultur herrschten, ab. Nicht nur in dieser Hinsicht war die christliche Praxis eine völlige Alternative zur gesellschaftlichen Realität und Ideologie. Die Verdächtigungen bezogen sich auf viele Punkte, aber eben auch auf die Rolle der Frauen"; und: „nach wie vor ist die Gesamtsituation der Christengemeinde konstant: Sie sind politisch gefährdet, stehen unter starkem öffentlichen Druck und ihre Mitglieder sind im wesentlichen Menschen ohne Rang, Einfluß oder finanzielle Mittel. Die Verleumdung, die Titus 2,5 erwähnt, muß in Zusammenhang mit den Denunziationen gesehen werden, die zu Verhören vor Behörden und u. U. auch zur Hinrichtung von Christen führen..."[43]

---

[42] Z.B. die Arbeiten von Anna Paulsen (Geschlecht und Person: Das biblische Wort über die Frau. Hamburg 1960) und Else Kähler (Zur „Unterordnung" der Frau im NT. Der neutestamentliche Begriff der Unterordnung und seine Bedeutung für die Begegnung von Mann und Frau, in: Zeitschrift für evangelische Ethik 3 (1959), 1, S. 1-13).
[43] Frauen in der Nachfolge Jesu in neutestamentlicher Zeit, in: Willy Schottroff und Wolfgang Stegemann (Hg.), Traditionen der Befreiung. Sozialgeschichtliche Bibelauslegungen. Band 2, Frauen in der Bibel, München/Gelnhausen/Berlin/Stein 1980.

Die Frauenfeindlichkeit sitzt für Luise Schottroff eher sublim im Detail bzw. in Übersetzung und Auslegung: So schreibt sie zu Titus 2,5 („Daß sie die jungen Frauen lehren ... sittig sein, ... häuslich"), das griechische Wort für „häuslich" (oikourgos = „im Hause arbeitend") ließe „erkennen, daß die Frauenrolle mit Arbeit verbunden ist. Typischerweise ist sowohl in der Textgeschichte als auch in modernen Übersetzungen von Titus 2,5 zu beobachten, daß Frauenarbeit sprachlich wieder verschwindet: aus oikourgos wird oikouros ‚häuslich', bzw. auch oikouros wird zu Unrecht mit ‚häuslich' übersetzt (Bauer, Wörterbuch zum Neuen Testament)."[44] In jüngster Zeit setzt sich Luise Schottroff mit dem paulinischen Sündenverständnis auseinander, auch in Hinsicht auf den Antijudaismus in der christlichen Theologie. Sünde und Schuld sind für viele feministische Theologinnen gewissermaßen ein rotes Tuch und angeblich der klare Beweis für die frauenunterdrückende Praxis und Theorie des christlichen Glaubens, da die vermutete „Eigenmächtigkeit" als klassische Ursünde bei Frauen nicht zu finden sei und die sowieso Unterdrückten und Ohnmächtigen durch derlei Schuldpredigt nur noch mehr in ihrem schwachen Ich verstümmelt würden. Demgegenüber sagt Luise Schottroff: „Wir dürfen schon aus methodischen Gründen nicht mehr von Sünde pauschalisierend, unkonkret und verallgemeinernd reden. Es mag stimmen, daß alle Menschen sündigen, aber ihre Sünde ist sehr unterschiedlich. Sie ist konkret zu benennen, kontextuell – nach einer genauen Analyse der Machtverhältnisse, so wie es die Bibel tut."[45] Die Sünde bei Paulus ist mit der Weltmacht des tyrannischen römischen Reiches verbunden, das die Menschen, Frauen und Männer, nicht nach Gottes Willen leben läßt. Frauen waren dabei doppelt ohnmächtig, als noch zusätzlich den Männern Unterworfene. „Die tiefreichende Analyse der Welt als Skla-

---

[44] How my Mind has changed, oder: Neutestamentliche Wissenschaft im Dienste der Befreiung, in: Ev. Theologie 3, 1988, S. 252.
[45] Die verführbare Eva und der sündige Adam. Sozialgeschichtlich-feministische Überlegungen zum paulinischen Verständnis von Sünde und Befreiung, in: Elisabeth Moltmann-Wendel (Hg.), Weiblichkeit in der Theologie. Verdrängung und Wiederkehr, Gütersloh 1988, (Gütersloher Taschenbücher Siebenstern; 494), S. 61.

vin der Sünde, des Todes und der Ungerechtigkeit war dem Paulus aber nur deshalb möglich, weil er eine Erfahrung von Leben und Rettung dieser Weltmacht entgegenzusetzen hatte."[46] Und: „Die reale Basis der Befreiung durch Christus war die Alltagspraxis der Christengemeinden"[47], d.h. also für Frauen z.B. die Erfahrung, auch als Sklavin anerkannt, ja, mit Männern gleichgestellt zu sein. Gegenüber dem üblichen Gegensatz Gesetz-Evangelium (und damit leider oft dem wertenden Gegensatz jüdisch-christlich) arbeitet Luise Schottroff die Verbundenheit von Judentum und Christentum heraus. „Die antijudaistische Vorstellung vom Gesetz als eigenmächtigem Heilsweg ist eine christliche Abwertung der jüdischen Religion, die mit jüdischem Selbstverständnis nichts zu tun hat." Vielmehr eröffnet „Gottes Barmherzigkeit... den Menschen einen Lebensraum, in dem sie nach seinem Willen handeln können. Die Thora ist Gesetz und Evangelium"[48].

DOROTHEE SÖLLE

Eine der „sperrigsten" Theologinnen Deutschlands ist Dorothee Sölle, Professorin für Systematische Theologie am Union Theological Seminary in New York. Obwohl sie seit vielen Jahren auf etablierte Kirchenkreise als rotes Tuch wirkt, ist ihr (linkes) politisches Engagement (z.B. 1983 gegen die Nachrüstung oder ihr persönlicher Einsatz in Nicaragua) von ziemlichem Einfluß auf kritische Kreise beider Großkirchen. Ihre Texte begleiten und untermauern ihr Engagement; dabei ist sie in den letzten Jahren zunehmend für die feministische Theologie eingetreten[49], die sie im Zusammenhang ihres befreiungstheologischen Ansatzes sieht: „Es gibt einen frauenspezifischen Zynismus, eine Stimme der Weinerlichkeit und des Selbstmitleids, die uns vom Widerstand abhalten will. Aber wir schicken diese Stimme fort, wir bewegen uns

---

[46] AaO., S. 64.
[47] AaO., S. 66.
[48] AaO., S. 59.
[49] Auch wenn sie dies nicht ausführlich und im Titel darlegt, so bezeichnet sie ihr Buch „lieben und arbeiten. Eine Theologie der Schöpfung", Stuttgart 1985, im Vorwort als eine „feministische Theologie der Schöpfung".

vom Ich zum Wir, vom Kreuz zum Baum. Als das Mädchen Maria durch den Dornwald ging, haben die Rosen zu blühen angefangen. Und überlegt einmal in eurer ganz persönlichen Erfahrung: Habt ihr es nicht auch schon erlebt? Stark sein und verletzlich bleiben schließen sich nicht aus. Wir, miteinander, sind stärker – und die weiße Rose der Sophie Scholl aus der finstersten Zeit unseres Landes blüht auch für uns".[50] Zwar tritt Dorothee Sölle nicht durch eigene Forschung und penible Arbeit am biblischen oder historischen Text hervor, ihre Bücher, Essays und Gedichte bauen eher auf der Vorarbeit anderer feministischer Theologinnen auf. Aber ihre Fähigkeit, Dinge verständlich und packend auszudrücken, ist unbestritten[51], auch wenn ihre Sprache oft eher assoziativ als streng logisch aufgebaut ist und manchmal die Nähe zum neudeutschen Kitsch streift. Da Dorothee Sölle „Erfahrungstheologie" schreibt und ihre Erfahrungen auch die vieler anderer Frauen sind, ist ihre Breitenwirkung (z. B. auf Kirchentagen) verständlich. So kann sie über Gott, den Vater schreiben: „Die Schwierigkeiten mit dem Vater, Erzeuger, Machthaber und Lenker der Geschichte wurden vertieft, als ich genauer zu verstehen lernte, was es bedeutet, als Frau geboren zu sein, verstümmelt also, und zu leben in einer patriarchalischen Gesellschaft. Wie könnte ich wollen, daß Macht die zentrale Kategorie meines Lebens wird, wie könnte ich einen Gott verehren, der nicht mehr ist als ein Mann. Mit männlicher Macht assoziiere ich Dinge wie: brüllen können, Befehle geben, sich im Schießen ausbilden. Ich glaube nicht, daß ich besonders, mehr als andere Frauen, von der patriarchalischen Kultur beschädigt bin. Es ist mir nur immer klarer geworden, daß jede Identifikation mit dem Aggressor, mit dem Machthaber, mit dem

---

[50] Luise Schottroff / Dorothee Sölle / Bärbel von Wartenberg-Potter, Das Kreuz – Baum des Lebens, Stuttgart 1987.
[51] Als treffendes Beispiel diene folgendes Zitat: „Es hat sich herausgestellt, daß da, wo die alten Bilder abgeschafft wurden, neue ihren Platz einnehmen, die in nichts aufklärerischer sind: Wo früher die unbefleckte Madonna in der Nische stand, macht sich jetzt Frau Saubermann breit – beide Ideologien zwingen Frauen eine Rolle auf, die sie schwächt und verkrüppelt". (Und ist noch nicht erschienen, was wir sein werden. Stationen politischer Theologie, München 1987, S. 174.)

Vergewaltiger das furchtbarste Unglück ist, das einer Frau zustoßen kann."[52] Aus diesem Zitat geht deutlich hervor, daß Dorothee Sölles Engagement für Unterdrückte, besonders Frauen, auf jeden Fall ernst zu nehmen ist. Ihr Schnellschluß allerdings von den schlimmen Erfahrungen, die Frauen mit Männern machen können, auf Gott selbst, ist genau der kritische Punkt, wo es zu unterscheiden gilt: Die biblische Offenbarung wie auch die existentielle Glaubenserfahrung – gerade auch von Frauen! – sagen das Gegenteil aus: die Liebe Gottes, und zwar eben des dreieinigen, biblisch bezeugten, ist befreiend erfahrbar, gerade im eigenen (weiblichen) Elend!

CATHARINA J. M. HALKES

Nach ihrer eigenen Schilderung hatte sich Catharina Halkes nach dem Studium von Theologie und Philosophie zunächst in der holländischen katholischen Kirche für die Stellung von Frauen und Laien in einer offenen Kirche engagiert. In den siebziger Jahren erlebte sie vor allem durch das Buch von Mary Daly „Jenseits von Gottvater, Sohn und Co."[53] einen schockierend heilsamen Durchbruch zum Feminismus.

Auf dem Hintergrund dieser dreifachen Erfahrung von Emanzipation durch Bildung, Engagement in der Kirche und radikalem, kirchenkritischem Feminismus hat sie vor allem ein seelsorgerliches Anliegen. Es entspringt aus der „Besorgnis um Feminismus und Christentum... Diese Sorge rührt daher, daß zwischen beiden nicht einmal eine Konfrontation stattfindet, denn sie laufen voreinander weg, nehmen sich nicht ernst und haben nur Vorurteile und stereotype Vorstellungen voneinander."[54] So möchten ihre Darlegungen auch Seelsorge an den Kirchen sein, ein Aufruf, mit

---

[52] Vater, Macht und Barbarei, in: Bernadette Brooten und Norbert Greinacher (Hg.), Frauen in der Männerkirche, München/Mainz 1982 (Gesellschaft und Theologie: Abt. Praxis der Kirche; Nr. 40), S. 153.
[53] S. unten S. 76.
[54] Catharina J. M. Halkes, Gott hat nicht nur starke Söhne. Grundzüge einer feministischen Theologie. Gütersloh 1980. Im folgenden mit „Halkes 1" zitiert, S. 11.

Sexismus, „Apartheid" und Halbheiten Schluß zu machen. Vor allem aber geht es ihr um die Seelsorge an den Frauen, die enttäuscht und frustriert aus den Kirchen ausziehen. Feministische Theologie ist für Catharina Halkes Befreiungstheologie, die aus der Erfahrung und der Bewußtwerdung von unendlichem Leiden von Frauen – auch durch den Sexismus innerhalb der Kirchen – erwächst. Die Befreiung der Frauen ist eine Konkretisierung und Entfaltung des biblischen Gerechtigkeitsgebotes in unserer konkreten Situation. Dies vollzieht sich für Halkes auf einem Weg, den sie mit einem ihr besonders wichtigen Bild aus dem Alten Testament als Auszug (Exodus), Durchzug und Einzug beschreiben möchte: als Auszug aus den auferlegten Einschränkungen, als Durchzug durch eine Wüste, d. h. durch eine Welt, die den Frauen fremd wird, in der sie aber leben und agieren können, ein Durchzug, bei dem Gemeinschaft und gegenseitige Stärkung nötig sind. Der Einzug schließlich ist der Traum, „daß niemand auf Kosten eines anderen leben will, die Hoffnung auf das Reich Gottes"[55]. Als theologische Koordinaten nennt Catharina Halkes den Glauben an den Gott des Alten Testaments als den Befreier, die Menschwerdung Gottes in Christus, eine an der biblischen Weisheit (s. Spr 8) orientierte Christologie und die lebenspendende, tröstende, verbindende Macht des Heiligen Geistes. Unter diesen Voraussetzungen ruft die Autorin auf zum Auszug aus den männlich geprägten Gottesbildern und zum Glauben an einen Gott, der immanent und transzendent zugleich ist, der mit weiblichen und männlichen Bildern dargestellt werden kann und der letztlich alle Analogie übersteigt.

In der Christologie setzt sich Catharina Halkes damit auseinander, daß das Mannsein Jesu in der (katholischen) Kirche die Begründung für die Nichtzulassung von Frauen zum Priesteramt darstellt. Demgegenüber hebt sie hervor, daß das Neue Testament Jesus viel häufiger als „Menschen" als als „Mann" bezeichnet. Die irdisch beschränkte Existenzweise Jesu muß für die Frauen in der Kraft des Heiligen Geistes entschränkt werden.

---

[55] Halkes 1, S. 33 f.

In der Anthropologie wehrt Catharina Halkes vor allem den Dualismus, die Polarisierung von Körper und Geist, öffentlich und privat, Gefühl und Verstand, ab. Sie möchte betonen, daß das Personsein eines jeden Menschen gegenüber aller biologischen Unterschiedenheit Vorrang hat. Es geht ihr nicht um ein „duales", Männer und Frauen auf bestimmte „Eigenschaften" festlegendes Menschenbild, sondern um eine „Single"-Anthropologie, d. h. darum, daß jede(r) ein einmaliger, für sich stehender Mensch ist, der/die in freier Entscheidung auf das Bild Gottes zuwachsen kann.
Catharina Halkes überzeugt vor allem durch ihr Engagement für die Kirche und die Seelsorge. Auch die neuere Entwicklung innerhalb des Ökumenischen Rates der Kirchen wird von ihr mitbedacht. Die Darlegungen sind außerordentlich offen und selbstkritisch und weisen gegenüber drohenden Einseitigkeiten große Differenziertheit auf („Es gibt nicht *die* Frauen oder *die* Männer"). Die feministische Theologie ist letztlich eine nötige, aber vorläufige Erscheinung. Im Vergleich zu anderen Autorinnen, die den Heiligen Geist bzw. die Heilige Geistin (hebr. ruah, weiblich) sehr unreflektiert in Anspruch nehmen, zeigt Catharina Halkes auf, wieso eine solche Berufung auf den Geist berechtigt ist: Gerade weil das Pfingstgeschehen oder der Heilige Geist im Gegensatz zu Weihnachten und Ostern unanschaulich sind, ist die Chance gegeben, daß hier kein Mißbrauch mit patriarchalischen Bildern getrieben wird, wie dies bei der Rede von Gott als Vater und Sohn geschehen kann. Als „Kommunikationslinie" zwischen Gott und uns und als „Übersetzer" ist der Heilige Geist wirklich die Kraft, die zum Weiterdenken der biblischen Botschaft auch für Frauen berechtigt.

ELISABETH MOLTMANN-WENDEL

Wie der Titel ihres systematischen Werkes „Das Land, wo Milch und Honig fließt" andeutet[56], möchte Elisabeth Moltmann-Wendel ihre LeserInnen einladen zum befreienden Aufbruch, zum Exodus in einen „Traum von Fruchtbarkeit und Naturordnung"[57], von lebenspendender Milch und von Honig. Diese Elemente symbolisieren einerseits die mütterliche Liebe und Fürsorge, andererseits das Glück. Die Autorin möchte die Leser und Leserinnen in eine Welt führen, in der Friede möglich ist, weil Mann und Frau gleichberechtigt sind. Der alte Mythos, den es wiederzuentdecken gilt, bedeutet Befreiung zu einem Gott, „der auf der Seite der Schwachen, der Armen, der Frauen und Entrechteten steht"[58].

Die Methoden der feministischen Theologie setzen innerhalb der Befreiungstheologie einen besonderen Akzent, wo sie Sinne, Seele, Körper, Phantasie miteinbeziehen. Die „Unterseite" der Geschichte mit mündlichen Traditionen, Legenden und ihrer künstlerischen Darstellung kommt als Quelle für theologische Reflexion neben Schrift und Tradition in Betracht. Das über befreiungstheologische Ansätze hinausgehende Anliegen der feministischen Theologie ist es, die männlichen Strukturen und Bilder zu hinterfragen, was in der Befreiungstheologie nicht geschieht.

Auf diesem Hintergrund versucht Elisabeth Moltmann-Wendel eine bemerkenswerte Neuinterpretation von der Geltung der Schrift, der Christologie und der Rechtfertigungslehre, von Themen also, die durch die Reformation besondere Bedeutung gewonnen haben. Die Schrift wie die Lehre von der Person Jesu und die

---

[56] Elisabeth Moltmann-Wendel, Das Land, wo Milch und Honig fließt. Perspektiven einer feministischen Theologie. Gütersloh 1985. Eine mehr narrative Vorarbeit wurde in „Ein eigener Mensch werden. Frauen um Jesus", Gütersloh 1984, geleistet. Kürzlich erschien der Sammelband „Wenn Gott und Körper sich begegnen. Feministische Perspektiven zur Leiblichkeit", Gütersloh 1989, als breitere Entfaltung der Gedanken zu Ganzheit, Körperlichkeit und Sexualität.
[57] AaO., S. 9.
[58] AaO., S. 14.

Rechtfertigungslehre sind patriarchal redigiert und rezipiert worden. Besonders deutlich wird dies bei den Schriften des Neuen Testaments. Die Autorin nennt Beispiele hierfür: Das folgenschwere paulinische Schweigegebot für Frauen (1 Kor 14,34ff), wie die Gestalt der Maria Magdalena, die die kirchliche Auslegung nach Elisabeth Moltmann-Wendel bald ausschließlich mit der Sünderin aus Lukas 7,36ff gleichgesetzt habe.
Die Frauentradition des Neuen Testaments ragt nur wie die Spitze eines Eisberges in das Neue Testament hinein. Was unter der Oberfläche geblieben ist, gilt es neu zu entdecken.
Die Christologie bzw. Jesulogie wird für Elisabeth Moltmann-Wendel zum Zentrum der Frauenbefreiung und Selbstfindung durch Frauen. Vier Grundzüge werden bei dem Jesus der Evangelien herausgestellt:
1. Jesus löst die Frauen aus ihrer herkömmlichen Rolle im Familienverband und macht sie zu eigenen, selbständigen Menschen (s. Lukas 8,1-3).
2. Jesus durchbricht die Tabus, die über der orientalischen Frau liegen und die vor allem in ihrem Körper begründet sind, der auch nach alttestamentlichen Gesetzen (Lev 15,19ff) zu bestimmten Zeiten als unrein gilt (s. Mk 5,24ff, die Heilung der blutflüssigen Frau).
3. Zwischen Jesus und den Frauen entstehen intensive, wechselseitige Beziehungen: Frauen bringen Jesus durch ihre Zähigkeit und durch ihre Aktivität zum Handeln (s. Mk 5,3f: die Syrophönizierin, die Jesus um die Heilung ihrer Tochter bittet und Joh 11,19ff: Martha). Dadurch, daß eine Frau ihn in Bethanien salbt, findet Jesus die Deutung seines Weges in Leiden und Tod (Mt 26,6ff).
4. Im Markusevangelium tritt besonders die echte, angefochtene Menschlichkeit Jesu, seine „Erdhaftigkeit" hervor. Frauen nehmen dies besonders wahr.
5. Zwischen Jesus und den Frauen entsteht eine Parallelität im Dienen, in der Diakonia, als dem Verhalten, das für die neue, von Jesus gelebte Gemeinschaft charakteristisch ist. Wie Jesus gekommen ist, um zu dienen (Mk 10,45), so haben die ihm folgenden Frauen gedient (Mk 15,41). Sie haben so eher als die ehrgeizigen

Jünger etwas von der endzeitlichen Umkehrung aller Gewaltverhältnisse unter den Menschen begriffen. Dieses menschliche Bild Jesu wurde in der christlichen Welt bald vielfach von dem patriarchalischen Bild des „Christus victor" überdeckt.

Die Rechtfertigungslehre – bei evangelischen Christen und Christinnen das Herzstück des Glaubens – ist für Elisabeth Moltmann-Wendel „das Wissen von der Befreiung des Menschen, ohne Eigenleistung, von seiner bedingungslosen Annahme"[59]. Diese Anschauung macht es Frauen möglich, sich als gut, ganz, schön anzunehmen. Auch die moderne Psychoanalyse hat diese Gedanken wiederbelebt.

Dagegen ist die Lehre, daß Christus durch seinen Tod für uns vor Gott genug getan hat und wir deshalb angenommen sind, nach Elisabeth Moltmann-Wendel ein Element, das die ursprüngliche – auch von Luther erfahrene und beschriebene – Spontaneität erstickt. An die Stelle des bedingungslos liebenden Gottes tritt ein richtender Vatergott. Wird die Rechtfertigungslehre als Annahme verstanden, dann wird nach Elisabeth Moltmann-Wendel Selbstliebe möglich, und sie wiederum führt zur echten Nächstenliebe, die den oder die andere nicht bevormundet, betreut, vereinnahmt, sondern ihm Freiheit läßt. Das sei die agape, die matriarchale Liebe, die – im Gegensatz zur fordernden patriarchalen Liebe – jeden annimmt und beschenkt. Sie verhält sich dann wie Gott selbst, der seine Sonne über Gerechte und Ungerechte scheinen läßt (s. Mt 5,45). Ob damit wirklich das Verhältnis von Gottes- und Nächstenliebe richtig getroffen ist, sei dahingestellt.

Theologie ist Reden von Gott, und feministische Theologie ist zunächst Kritik an männlichen Gottesbildern. Gegenüber den weitgehend männlichen Bildern, in denen in der Bibel von Gott gesprochen wird (als König, Richter, Bankier) und die von Frauen als ihr Frausein verneinend und sie einengend empfunden werden, suchen Frauen „nach einer lebensfreundlichen Macht, nach Gott der Mutter, nach echten Müttern, die diese kosmische Weite erlauben und ihren Töchtern durch keine restriktiven Gesetze Lebens-

---

[59] AaO., S. 156.

bereiche verschließen."⁶⁰ Die Autorin sieht eine solche Tradition der Freiheit für Frauen innerhalb der Bibel in der Weisheit, einer Gestalt, die in den späteren Teilen des Alten Testaments erwähnt wird (Spr 8ff, Weish 7ff). Hinter ihr verbergen sich altorientalische Göttinnen als Spenderinnen des Lebens. Selbst im Neuen Testament erscheint sie als Sophia (1 Kor 1,18-26; s. auch der Ruf Jesu, Mt 11,25-30), die in Jesus Mensch geworden ist. Eine ähnliche weibliche Figur ist die von den späteren Rabbinen betonte Shekinah, die Anwesenheit Gottes und schließlich die ruach, der im Hebräischen weibliche Heilige Geist, der in der Ostkirche, aber auch in der mittelalterlichen Mystik, im Pietismus und in den Erweckungsbewegungen gelegentlich als Frau angesehen wird. Wichtig ist schließlich, daß Jesus Gott mit „Abba" (deutsch etwa „Väterchen") angeredet hat. Ein solcher Gott ist kein strenger Vatergott, sondern ein familiär wirkender liebender Gott, der Menschen ermutigt zu Vertrauen in Freiheit. Alle diese Beispiele zeigen, daß die „Gottesbilder der Bibel . . . mehr weibliche Identifikationsmöglichkeiten" enthalten, als oft vermutet wird."⁶¹ Sie waren und sind offen für „Theophantasie"⁶², für Bilder und Träume von Gott.

Eine kritische Würdigung von Elisabeth Moltmann-Wendel muß vor allem positiv hervorheben, daß hier die Schätze der evangelisch-lutherischen Tradition für Frauen beider Konfessionen neu gehoben worden sind. Ein großes Ruhmesblatt der feministischen Theologie, wie sie auch von Elisabeth Moltmann-Wendel formuliert wird, ist die Wiederentdeckung der biblischen Frauen und des menschlichen Jesus, besonders im protestantischen Bereich. Beachtenswert ist auch die Hervorhebung des Dienens, der Diakonia als Verhaltensnorm, die für die Kirche und ihre Ämter gilt. Elisabeth Moltmann-Wendel unterscheidet Männer und Frauen in der Art der Sünde: Männer, nämlich die Jünger, entwickeln auf Grund nicht gelingender Gegenseitigkeit zu Jesus das Gefühl von allgemeiner Sündhaftigkeit und kompensieren es dadurch, daß sie

---

⁶⁰ AaO., S. 101.
⁶¹ AaO., S. 109.
⁶² Ebd.

Jesus zum (autoritären) Herrn machen. Frauen dagegen begleiten Jesus, und ihre Sünde besteht eher in ihrer Furcht und Zaghaftigkeit (s. Mk 16,18). Es sollte doch – trotz aller psychologisch richtigen Beobachtungen – gefragt werden, ob hier die Sünde nicht zu leicht genommen wird. Sind Frauen – gegenüber den Männern – unmittelbarer zu Gott? Wo bleibt hier die Einheit der Menschen, die doch von der Schöpfung her gegeben ist? Sind Frauen deshalb weniger auf Christus angewiesen, der uns seine Gerechtigkeit schenkt, weil sie ihn schon in sich tragen?[63] Aber auch die Frau ist – um eine Formel der lutherischen Theologie zu gebrauchen – ‚simul iusta et peccatrix', „gerecht und Sünderin zugleich".

Die Rede von dem Land, der Erdhaftigkeit, der kosmischen Weite klingt – allerdings sehr entfernt – an naturhafte Formulierungen an, wie wir sie eigentlich überwunden haben sollten. Die Vision von der gleichen Gemeinschaft von Frauen und Männern ist da besser und biblischer.

ROSEMARY RADFORD RUETHER

In ihrer breit angelegten systematischen Darlegung der feministischen Theologie mit dem Titel „Sexismus und die Rede von Gott"[64] lehnt sich Rosemary R. Ruether offensichtlich an die drei Artikel des Glaubensbekenntnisses an. Dies geschieht unter dem Vorzeichen des kritischen Prinzips der feministischen Theologie: „Alles, was das volle Menschsein der Frau leugnet, mindert oder verfälscht, wird deshalb als nicht befreiend beurteilt ... Was das volle Menschsein der Frauen fördert, gehört zum Heiligen, es bringt eine echte Beziehung zum Göttlichen zum Ausdruck, es ist das wahre Wesen der Dinge, die authentische Botschaft der Erlösung und die Mission der erlösenden Gemeinschaft."[65] Wo aber sind innerhalb unserer Welt, Kultur und Kirche „brauchbare Tra-

---

[63] S. dazu aaO., S. 169.
[64] Rosemary Radford Ruether, Sexismus und die Rede von Gott. Schritte zu einer anderen Theologie. Gütersloh 1985 (Gütersloher Taschenbücher 488).
[65] AaO., S. 36.

ditionen, gute, die Frau fördernde Elemente"? Rosemary R. Ruether findet sie in fünf Bereichen: in der Bibel, in den marginalisierten Traditionen der frühchristlichen Gnosis, des Montanismus, der Quäker und der amerikanischen Sekte der Shakers, in den Grundaussagen der klassischen christlichen Theologie, in der nicht-christlichen Religion und Philosophie des nahöstlichen, griechisch-römischen Kulturraums und in den nachchristlichen Weltanschauungen wie Liberalismus, Romantik, Marxismus. Die eigenen Thesen zur feministischen Theologie, die die Autorin jeweils nach ausführlicher Darlegung anderer Entwürfe wagt, enthalten immer wieder thematisch den Gedanken der Befreiung und der alle umfassenden (inklusiven) Gemeinschaft. Es ist sicher kein Zufall, daß Sprache und Inhalt an Erklärungen des Ökumenischen Rates der Kirchen erinnern. Die feministische Theologie hat ihre biblischen Quellen in der prophetisch-befreienden Tradition der Bibel. Diese befreienden Traditionen innerhalb der Bibel sind so zu verstehen, „daß sie jede Selbsterhöhung einer sozialen Gruppe als Bild und Werkzeug Gottes zur Rechtfertigung sozialer Herrschaft und Unterdrückung ausschließen"[66]. Dieses prophetische Prinzip wirkt selbst innerhalb der Texte der Bibel in kritischer, korrigierender Weise, wenn z.B. die Geltung bestimmter kultischer Gesetze im Neuen Testament aufgehoben wird. Diese Grundhaltung prophetischer Kritik wird nun – und das ist Rosemary R. Ruether zufolge das Neue an der feministischen Theologie – auf Frauen angewandt. „Der Feminismus behauptet, daß auch Frauen zu den Unterdrückten gehören, denen Gott durch sein Kommen zum Recht verhilft und die er befreit."[67] „Feministische Theologie bringt zum Ausdruck, was in der männlichen Verteidigung der Armen und Unterdrückten übersehen worden ist: daß Befreiung bei den Unterdrückten der Unterdrückten beginnen muß, nämlich bei den Frauen der Unterdrückten."[68]
Auch die Christologie, die sich hauptsächlich auf die Gestalt Jesu in den drei ersten Evangelien beruft, ist von solchen befreiungs-

---

[66] AaO., S. 41.
[67] AaO., S. 42.
[68] AaO., S. 51.

theologischen Gedanken geprägt: Nicht Jesus, der Mann, ist wichtig – wie im Patriarchat –, sondern Jesus, der Befreier: „In dem Sinne manifestiert sich in Jesus als dem Christus, der der Repräsentant befreiter Menschlichkeit und des befreienden Wortes Gottes ist, die Aufhebung des Patriarchats, die Ausrufung einer neuen Menschlichkeit, durch einen Lebensstil, der hierarchische Kastenprivilegien als überholt abtut und für die Allergeringsten spricht."[69] Die befreiende Zuwendung Jesu zu Menschen, die am Rand der Gesellschaft stehen, gilt besonders auch Frauen. Aber letzten Endes liegt das Ziel der Christologie nicht darin, eine besondere Beziehung zwischen Jesus und den Frauen zu ermöglichen, sondern es liegt in der neuen Menschheit, die weiblich und männlich ist.[70]

In der Anthropologie geht es Rosemary R. Ruether vor allem um die Ganzheitlichkeit der psychischen und sozialen Kräfte im Menschsein, das sich in partnerschaftlichen und gleichwertigen Beziehungen erfüllt. Die Autorin setzt sich kritisch auseinander mit dem liberalen Feminismus, der der Frau durch Gesetze und durch Ausbildung die gleichen Möglichkeiten in Bildung und Beruf eröffnet wie dem Mann. Dies sind zwar wichtige Voraussetzungen, aber die Welt bleibt doch stets am Mann orientiert. Ebenso befaßt sich Rosemary R. Ruether mit dem romantischen Feminismus, der die Frau als das höhere, reinere Wesen in einem besonderen Schutzraum des Heimes bewahren will. Demgegenüber bedeutet „erlöstes Menschsein ... mehr als nur Teilbereiche unseres ganzheitlichen psychischen Potentials zurückzugewinnen, die durch kulturbedingte Geschlechterrollenklischees zurückgedrängt waren ... Wir müssen unsere Befähigung zurückgewinnen, Zusammenhänge zu erkennen, zu hören, aufzunehmen, mit anderen und für sie da zu sein, alles jedoch in einer Weise, die nicht länger ein Instrument zur Manipulation oder zur Selbstverneinung ist."[71]

Eine solche „auf Befreiung angelegte Gemeinschaft" soll auch die Kirche sein, wie sie Rosemary R. Ruether z. B. in den Basisgemeinden in Lateinamerika verwirklicht sieht. In einer solchen Kirche

---

[69] AaO., S. 169.
[70] AaO., S. 169.
[71] AaO., S. 142.

wird das Amt wieder zum Dienst, zur Diakonia, zum Mittel gegenseitiger Befreiung; der Klerikalismus, die Einbehaltung von geistlichen Rechten für eine bestimmte, im Grunde genommen – trotz Frauenordination – immer noch männlich geprägte Gruppe wird als Spielart des Patriarchats bezeichnet. Die Kirche als „befreite Gemeinschaft" soll ausstrahlen in die Gesellschaft, wobei im Rahmen einer großen Vision kleine praktische Schritte vorgeschlagen werden.

Die befreite Gemeinschaft bezieht auch die Natur ein; Befreiungstheologie und Ökologie gehören zusammen: „Die Bruderschaft der Menschen sollte erweitert werden und nicht nur Frauen aufnehmen, sondern die Gemeinschaft alles Lebens umfassen."[72] Gemeinschaft ist nur möglich zwischen gleichen Partnern, wenn alle Beteiligten ein Selbst sind.[73] Dies wird aber in Frage gestellt durch die patriarchalische Abwertung der Frau in der verhängnisvollen Begriffskette Frau – Körper – Natur – Sünde. Gegenüber der patriarchalischen Anthropologie, die die Frau als minderwertiges Wesen, als Ursprung der Sünde betrachtet und ihr daher die Gottebenbildlichkeit nur in eingeschränktem Maße zuerkennt, ist festzuhalten: Sünde ist nicht Sexualität = Fleisch = Frau, Gut und Böse sind nicht männlich bzw. weiblich. Sünde ist vielmehr die Störung von Beziehungen. Die Ich-Du-Beziehung ist zwischen Männern und Frauen durch eine Beziehung der Unterdrückung ersetzt, und diese Störung setzt sich fort in der Entfremdung vom eigenen Körper, von anderen, von der Natur, von Gott.[74] Der Sexismus bewirkt eine umfassende Vergiftung der zwischenmenschlichen Kommunikation. Ihn zu bekämpfen, bedeutet Umkehr, Buße – ein Weg, der von Frauen und Männern in unterschiedlicher Weise gegangen werden muß – von den Frauen durch die Entwicklung eines feministischen Bewußtseins, von den Männern nicht nur einfach durch die Pflege bestimmter weiblicher Eigenschaften, wie etwa erhöhte Sensibilität, sondern durch praktische Solidarität mit den Frauen.

[72] AaO., S. 111.
[73] AaO., S. 210.
[74] AaO., S. 195.

Der Grundgedanke der „befreiten Gemeinschaft" bestimmt auch die Rede von Gott bzw. – in der inklusiven Schreibweise von Rosemary R. Ruether – von Gott/in. Eine religionsgeschichtliche Darlegung zeichnet zunächst die Entwicklung zum Patriarchat nach: Sie beginnt mit der Göttin, der „prima matrix", der Urmutter; die nächste Station sieht dann Götter und Göttinnen nebeneinander, bis sich schließlich im jüdisch-christlichen Kulturkreis der männliche Monotheismus entwickelt, die in der Bibel immer wieder auftauchende Hierarchie Gott – Mann – Frau (s. 1 Kor 11,3.7). Dabei wird der Geist mit Gott und dem Mann, die Materie mit der Frau gleichgesetzt. Es genügt nicht, weibliche Symbole und Aussagen, wie etwa die Sophia oder den weiblich vorgestellten Heiligen Geist in die Rede von Gott hineinzunehmen. „Wir sollten uns vor Denkmodellen göttlicher Zweigeschlechtlichkeit hüten, in denen die patriarchalische Aufspaltung zwischen maskulin und feminin auf göttlicher Ebene einfach nachvollzogen wird"[75] und wo das weibliche Prinzip eine zweitrangige und vermittelnde Rolle spielt. Demgegenüber greift Rosemary R. Ruether auf das alttestamentliche Bekenntnis von Gott als dem Befreier Israels zurück. Weil sie Befreite waren, konnten sich die ungleichen Stämme des Volkes Israel zu einer egalitären Gemeinschaft zusammenfinden und sich gegen die feudalen Stadtstaaten erheben. Auch in dem davidischen Königtum, das Rosemary R. Ruether – offensichtlich einer bestimmten alttestamentlichen Linie folgend (s. 1 Sam 8) – negativ als Kapitulation vor den Herrschaftsformen anderer Völker beurteilt, blieb das prophetisch-kritische Element erhalten. „Gott ist Kritiker der Gesellschaftsordnung, ein Anwalt der sozial Benachteiligten"[76]. Aber im Alten Testament fehlt noch völlig der Protest gegen die Diskriminierung auf Grund des Geschlechts. Das Neue Testament dehnt dieses prophetische Bewußtsein dagegen auf Randgruppen aus. „Klassen-, Volks- und Geschlechtszugehörigkeit sind nun die besonderen Bereiche, die durch die Erlösung in Christus überwunden werden."[77]

[75] AaO., S. 81.
[76] AaO., S. 83.
[77] AaO., S. 84.

Eine weitere Befreiungstradition im Gottesbild der Bibel sieht Rosemary R. Ruether darin, daß Gottes Herrschaft das Ende aller anderen Herrschaft bedeutet. Weil Gott, weil Christus „Herr" ist, darum gibt es keine anderen Herren mehr über die Menschen. In der Auseinandersetzung mit der sprachlichen Darstellung Gottes als „Vater", als alten Mannes, der im Himmel thront, greift Rosemary R. Ruether das Bilderverbot (Ex 29,4-5) sowie die Selbstbezeichnung Gottes „Ich werde sein, der ich sein werde" (Ex 31,4) auf. Damit ist es auch für die Sprache untersagt, Gott ausschließlich in bestimmten Rollen darzustellen. „Gott ist sprachlichen Analogien ähnlich, aber auch ganz anders... Gott ist männlich und weiblich, und er ist weder männlich noch weiblich. Wir brauchen eine umfassende Sprache für Gott, die die Vorstellungen und Erfahrungen beider Geschlechter einbezieht."[78] Abstrakte Begriffe für Gott bergen allerdings die Gefahr in sich, doch wieder männerzentriert, androzentrisch zu werden.

Demgegenüber möchte Rosemary R. Ruether den Doppelgleichnissen im Lukasevangelium den Vorrang geben, die jeweils ein Gleichnis aus der Welt des Mannes und eines aus der Welt der Frau für die gleiche Aussage zusammenstellen (Lk 13,18-21; 31-33 [Gleichnis vom Senfkorn und vom Sauerteig]; 15,1-10 [Gleichnis vom verlorenen Schaf und vom verlorenen Groschen]).

Nachdenklich und bedenklich stimmen allerdings der Anfang und der Schluß des Buches: es beginnt mit einem „Prolog im Himmel": vor Gott Zebaoth, Gottvater, der sich reichlich autoritär gebärdet, erscheint die Himmelskönigin und erklärt ihm, sie sei auch seine Mutter, in ihrem Sein vor und nach ihm. In der Folge dieser Erscheinung besinnt sich Gott Zebaoth auf eine andere Form seiner Macht, auf die Ermächtigung der Machtlosen, darauf, selbst auf alle Macht zu verzichten. Jesus, der Mensch, der es nicht für einen Raub achtete, Gott gleich zu sein (s. Phil. 2), wird von Maria geboren. Die letzten Sätze des Buches sind „der gnadenvollen Shekinah, der kraftspendenden Matrix"[79] gewidmet. Hat hier die Vorstellung von der Urmutter, von der Göttin doch die Ober-

[78] AaO., S. 88.
[79] AaO., S. 315.

hand behalten gegenüber so umfassenden Sätzen wie den oben zitierten, daß von Gott immer nur in Analogien geredet werden kann und daß er doch darin nicht aufgeht? Tritt an die Stelle des patriarchalischen Vatergottes nun doch die matriarchalische Urgöttin?

Die Bezeichnung der Sünde als Beziehungsstörung ist sicher biblisch und gegenüber allen anderen Aussagen über Sünde vorzuziehen. Aber ist Sünde vorrangig nur die Störung der Beziehung der Geschlechter, also Sexismus? Ist Sünde nicht auch die Störung des Verhältnisses zu Gott, zu anderen Menschen überhaupt und zur Natur?

Die Stärke des Buches liegt zweifellos in der Darstellung der befreienden Herrschaft Gottes, die auch den Frauen gilt.

d. Auf der Grenze: tiefenpsychologische und matriarchale Richtung

MARY DALY ALS AUSLÖSERIN

Eine der Initialzündungen feministischer Theologie war zu Beginn der siebziger Jahre das Buch von Mary Daly: „Jenseits von Gottvater, Sohn und Co."[80] Die Autorin ist von Hause aus katholische Theologin und Philosophin und lehrt heute an der Universität in Boston (USA). Im Verlauf ihrer weltanschaulichen „Reise" stieß sie zu postchristlichen Räumen vor („Gyn/Ökologie")[81], um ihre eigenständige feministische Philosophie weiterzuentwickeln („Reine Lust")[82].

Ihre radikale Denkbewegung – sie nennt es „spinnen, weben oder spuken", und Frauen, die dies tun, sind „Spinsters" – geht vom nekrophilen Patriarchat als Ursache allen (Frauen-)Übels aus, das

---

[80] Aufbruch zu einer Philosophie der Frauenbefreiung, aus dem Amerikanischen von Marianne Reppekus, München 1980.
[81] Eine Metaethik des radikalen Feminismus, aus dem Amerikanischen von Erika Wisselinck, München 1981.
[82] Elemental (sic!)-feministische Philosophie. München 1985.

Frauen nicht nur ausgrenzt als das immerwährende „Andere", sondern auch schlicht ihren Mord bzw. frühen Tod zum Ziel hat. „Die Herrscher des Patriarchats – Männer mit Macht – führen einen unentwegten Kampf gegen das Leben selbst. Da weibliche Energie ihrem Wesen nach biophil ist, ist der weibliche Geist/Körper das Hauptziel dieses fortgesetzten Aggressionskriegs gegen das Leben. Gyn/Ökologie heißt: „die Leben-liebende weibliche Energie zurückfordern".[83] Gott spielt dabei stets die Rolle, diese permanente Frauenunterdrückung und -ausrottung auch noch zu legitimieren. Besonders in ihrem Buch „Gyn/Ökologie" versucht Mary Daly in erschütternden Berichten aus verschiedenen Kulturen, diese Zusammenhänge nachzuweisen – dazu dienen ihr die Witwenverbrennung in Indien, das Füßeeinbinden im alten China, die Klitorisbeschneidung in Afrika, die Hexenverfolgung in Europa und in unserem Jahrhundert die Nazimorde, welche Mary Daly analog zur modernen amerikanischen Gynäkologie betrachtet, weil Frauen oft ohne hinreichenden Grund Gebärmutter oder Brust wegoperiert würden, ja, Frauen (besonders die aus unteren sozialen Schichten) als gynäkologische Versuchskaninchen benutzt würden. Sie entwickelt aus diesen furchtbaren „planetarischen Greueltaten" die Struktur eines alles beherrschenden patriarchalischen Sado-Maso-Syndroms. Dieses sieht sie auch deutlich im christlichen Glauben bzw. in den christlichen Kirchen verkörpert. Weibliches Sein, oder vielmehr „Sei-en" wird nach Mary Daly in allen bisherigen Kulturen und Religionen konsequent unterdrückt oder ausgelöscht. Es sei, sagt sie, deshalb Aufgabe der Frauen, das eigene „Sei-en" als „wilde Frau" bzw. als „Häxe" (engl. hag) zu suchen oder auch in Gemeinschaft anderer Schwestern zu entdecken, und zwar unabhängig von jeder männlichen (= patriarchalen) Ideologie, Herrschaft oder Religion. Wichtig in Mary Dalys umfangreichem Werk ist in unserem Zusammenhang die radikale Entmythologisierung aller patriarchalen Traditionen. Selbst wenn Mary Daly von der Göttin spricht, so ist dies kein göttliches Gegenüber, sondern „die Selbst". „In gezähmtem Zustand sind Frauen dome-

---

[83] Gyn/Ökologie, S. 373.

stiziert, dem Kult der männlichen Gottheit geweiht. Sie werden zur Illoyalität gegenüber der Selbst verführt, zu falschen Loyalitäten, die Zusammenhänge zersprengen, die sie weiter und weiter von der Selbst weg – und immer näher zu verderblichen Bindungen/Bündnissen, zu entfremdendem Umgang/Verkehr hinführen. Aufs höflichste werden sie von ihrer eigenen Idiotie überzeugt, verlieren alles... was wirklich ihr Eigenes ist... Auf diese Weise entleert, laufen ihre Seele/ihr Geist/ihr Denken im Leerlauf."[84] Mary Daly entwickelt eine sehr eigenständige und unabhängige Philosophie, zwar in gnadenloser Auseinandersetzung mit herkömmlichen Denk- und Glaubenstraditionen, aber voller neuer Sprachspiele und Sprechweisen, die allerdings oft schwer ins Deutsche zu übertragen sind. Selbst wenn man ihr mit Recht monokausales, wenn nicht monomanes Denken vorwerfen kann, ist ihre Entschleierung menschen- bzw. frauenverachtender Praktiken und Einstellungen auf jeden Fall sehr ernst zu nehmen.
Obwohl Mary Daly eher den angestammten Katholizismus im Blick hat, kommt die (männliche) protestantische Theologie bei ihr kein Haar besser weg. Zur Rechtfertigungslehre etwa meint sie düster: „Das Opfer (der) masochistischen paulinisch-lutherischen Doktrin ist... dazu verdammt, in einem Gefängnis von Spiegelbildern zu leben, zu ‚wissen', daß sie schuldig ist und Verdammnis verdient, zugleich jedoch zu glauben, daß ihr ein liebender Gott vergibt. Durch ein solches Glaubenssystem wird sie von ihrem eigenen Prozeß abgetrennt, bleibt auf ewig wertlos und wird auf ewig als Wertlose akzeptiert/angenommen."[85] Daß gerade das Kreuzesgeschehen für sie besonders ärgerlich ist, dürfte klar sein. Das Kreuz sei eigentlich der Baum des Lebens, bzw. Symbol für den Körper der Göttin und im christlichen Sinn zum Folterkreuz verändert, gemäß dem Sado-Maso-Syndrom des Patriarchats. Danach ist etwa auch die Verkündigung an Maria nur die Vergewaltigung der Göttin; das Heilige Abendmahl beschreibt bzw. deutet Mary Daly so: „Der ‚sanfte Jesus', der den Gläubigen seinen Leib zum Essen und sein Blut zum Trinken anbietet, spielt Göttinmut-

---

[84] AaO., S. 362.
[85] AaO., S. 395.

ter. Und natürlich sagt dieses fötal-identifizierte männliche Wesen hinter dieser Mutter-Maske in Wirklichkeit: ‚Laß mich dich bei lebendigem Leibe essen und trinken.' Dies ist mehr als nackter Kannibalismus, es ist versteckter Vampirismus."[86]

Um die Auseinandersetzung mit Mary Daly kommt wohl kein(e) an heutiger Theologie interessierte/r Christ/in herum; auch wenn aus dem bisher nur grob Skizzierten klar geworden sein dürfte, daß Mary Daly von ihrem radikal-feministischen Ansatz her gar nicht wahrnehmen kann, wie Frauen wirklich das Heil im auferstandenen Gottessohn für ihr je eigenes weibliches Leben finden konnten und können! Auch daß die meisten Menschen die christliche Religion nicht primär von Männern, sondern von Frauen vermittelt bekamen (Müttern, Großmüttern, Kindergärtnerinnen, Lehrerinnen), kann sie in ihrem fast ganz geschlossenen Denksystem nicht beirren. Sich auf rein theoretischer Ebene mit ihr auseinanderzusetzen, ist sowieso aussichtslos, da Mary Daly nicht nur im Denkansatz, in der eigenwilligen Sprache, sondern auch in der Methode sich nicht an hergebrachte Übereinkünfte halten will und mit dem gefundenen Material ausdrücklich willkürlich und eigenwillig umgeht. Deshalb ist wohl eher die Ebene existentieller (weiblicher) Erfahrung für die Auseinandersetzung mit Mary Daly angemessen.

CHRISTA MULACK

Die Diplompädagogin und freie Schriftstellerin evangelischer Herkunft gehört zu den Frauen, die die christliche (biblische) Tradition vor allem aus tiefenpsychologischer und religionsgeschichtlicher Sicht betrachten, von ihrem frauenidentifizierten Standpunkt ganz abgesehen. Dabei stehen sie in der Schule von C. G. Jung, weshalb die Mythologien eine große Rolle spielen. Da der philosophische Ansatz C. G. Jungs breit gefächert ist, um nicht zu sagen uferlos, können Autorinnen dieser Richtung sehr vieles vereinbaren an verschiedenen theologischen Gedanken und Bil-

---

[86] AaO., S. 104.

dern. Welche Probleme dabei entstehen können und wo notwendige Grenzen der Unterscheidung für ChristInnen zu ziehen sind, soll im folgenden zu zeigen versucht werden.
In ihren Büchern „Die Weiblichkeit Gottes"[87], „Maria – Die geheime Göttin im Christentum"[88], „Jesus – der Gesalbte der Frauen"[89] und „Im Anfang war die Weisheit"[90] versucht sie, in verständlicher und ausführlicher Schreibweise, die vergessenen weiblichen Züge und Gedankenschätze der christlichen Tradition zu heben und für heutige Frauen als hilfreich und richtungsweisend zu entwickeln. Dabei hat sie sowohl die ProtestantInnen wie KatholikInnen im Blick, auch versteht sie es, ohne blockierende Aggressivität gegenüber Bibel und Tradition zu schreiben. Ich möchte besonders auf ihr Buch „Jesus – der Gesalbte der Frauen" (s. o.) eingehen, da sich hier ihre Position gut schildern und beurteilen läßt. Ihre These ist, daß Jesus „sich in der Begegnung mit Frauen von einem anfänglich patriarchalen Denksystem zu einem matriarchalen Anschauungsmuster hin entwickelt hat."[91] Ihre Textbeobachtung der Evangelien führt sie dahin, daß Jesus „ausschließlich Männer scharf kritisiert, Frauen hingegen immer in ihrem Sosein bestätigt, unterstützt und gegen männliche Kritik in Schutz" nimmt.[92] „Diese männerkritische Haltung enthält das eigentlich erneuernde Potential des Evangeliums."[93] Anhand vieler Beispiele der Evangelien, aber auch genauso aus den apokryphen und gnostischen Texten des frühen Christentums entwickelt Christa Mulack ihre These von der jesuanischen Ethik, die die Frauen immer schon gelebt hätten: bedingungslose Liebe, Sich-zurück-Nehmen, Teilen usw. Daß dies nicht einfach mit ein paar dogmatischen Formeln vom Tisch gewischt werden kann, leuchtet ein. Die kirchli-

---

[87] Christa Mulack, Die Weiblichkeit Gottes. Matriarchale Voraussetzungen des Gottesbildes, Stuttgart 1983.
[88] Stuttgart ²1986.
[89] Christa Mulack, Jesus – der Gesalbte der Frauen. Weiblichkeit als Grundlage christlicher Ethik, Stuttgart 1987.
[90] Christa Mulack, Im Anfang war die Weisheit. Feministische Kritik des männlichen Gottesbildes, Stuttgart 1988.
[91] AaO., S. 13.
[92] AaO., S. 15.
[93] AaO., S. 18.

che Praxis in Vergangenheit und Gegenwart gibt ja bei realistischer Betrachtung nur allzuviele Beispiele von (männlichem) Machtstreben, Rücksichtslosigkeit und auch direkter Gewalt gegen Schwache. (Nach dem Motto: „Wir – Männer – dienen alle gern, am liebsten in leitender Stellung...").

HILDEGUNDE WÖLLER

Die evangelische Theologin und Lektorin im Stuttgarter Kreuz-Verlag, Hildegunde Wöller, hat sich ebenfalls zunehmend der feministischen Theologie tiefenpsychologischer Prägung im Gefolge der C. G. Jung-Schule verschrieben. Ihr Buch „Ein Traum von Christus. In der Seele geboren, im Geist erkannt"[94] wie auch ihre Auftritte in Funk und Fernsehen oder auf Kirchentagen haben ihr zu einer gewissen Stellung innerhalb der religiösen Frauenszene – aber nicht nur dort – verholfen. Der Weg Jesu Christi wird von ihr hauptsächlich innerseelisch interpretiert. Daß dazu gewiß Grund bestand, scheint einleuchtend angesichts des hohen Abstraktionsgrades vieler theologischer Bücher und Reden. Mit Recht meint Hildegunde Wöller deshalb: „Allzulange ist in Theologie und kirchlicher Verkündigung die Kommunikation ausgeblendet worden. Das Schiff, geladen mit Gottes Wort, fand keinen Hafen, in den es einlaufen konnte. Denn Advent ereignet sich erst, wenn zwei zueinanderfinden und sich gegenseitig erkennen."[95] Der Weg Jesu wird als Weg der Seele beschrieben (und als Weg des Heros). Dies geschieht nicht nur erzählend, sondern auch mittels verschiedener Schaubilder nach dem Muster des Mandala, eines östlichen Meditationsbildes. Ausgehend vom Denk- und Vorstellungssystem Carl Gustav Jungs entwickelt Hildegunde Wöller den Weg Jesu bzw. des Selbst in immer neuen Wendungen und mit religionsgeschichtlichen Deutungsmustern. Diese tiefenpsychologisch-mythologische Art, die Bibel zu betrachten, ist inzwischen nicht mehr ganz so unbekannt wie noch vor wenigen Jahren. Hil-

---

[94] Hildegunde Wöller, Ein Traum von Christus. In der Seele geboren, im Geist erkannt, Stuttgart 1987.
[95] AaO., S. 18.

degunde Wöller verbindet diesen Ansatz relativ unkritisch mit feministischem Bewußtsein: „Die Erkenntnisse der Tiefenpsychologie haben dem icheinsamen Menschen, der eingeschlossen ist in die Eindimensionalität seines Alltags, einen Zugang erschlossen zu Dimensionen der Wirklichkeit, die er leugnen kann, die ihn aber unbewußt lenken. Je unbewußter er bleibt, um so bedrohlicher erscheint ihm die Wirklichkeit jenseits seines Ich, je mehr er sich öffnet, um so mehr strömt ihm die Gewißheit zu, eingebettet zu sein in das Reich der Psyche... Ebenso wie die Psyche etwas Weibliches zu sein scheint, so auch die Natur. Ihr Symbol ist die Göttin, welche die Frauen wieder entdecken, um zu ihrer eigenen Identität zu finden... Vom Weiblichen her, aus dem Einklang von Seele und Natur, muß, so meinen immer mehr Menschen, die Heilung, die Rettung der heutigen Menschheit kommen."[96] Hier wäre zu fragen, ob damit die Frau nicht gerade wieder auf die (selbstlose) Retterin, die Heilige und Naturhafte, festgelegt wird – und die konkrete Frau mit ihrer Alltagswut, ihrer persönlichen, vielleicht gar nicht so ausgleichenden und naturnahen Eigenart, mit einem guten Schuß Witz und auch politischem Engagement, dem garstigen, daß die konkrete Frau aus diesem patriarchalen Raster sofort wieder herausfällt!

So schön und sicher auch ansprechend sich viele Passagen bei Hildegunde Wöller lesen, so klar muß doch wohl unterschieden werden zwischen einem Weltbild, das Carl Gustav Jung verpflichtet ist, und dem biblischen: Mit diesem Ansatz scheint alles und jedes verknüpfbar zu sein, die Jahrtausende und Kilometerabstände spielen nicht die geringste Rolle mehr. Der Ort Bethlehem z. B. ist für Hildegunde Wöller gänzlich unwichtig, denn „der wahre Geburtsort ist die Seele des Menschen"[97]. Es lassen sich dann auch gewissermaßen Gleichungen aufstellen, wie Taube = Reich Gottes = Schechina = Große Göttin = Sophia = die himmlische Amme, die Jesus nährt = der Regenbogen in den Wolken... Konsequenterweise ist dann auch das Kreuz Jesu kein gräßliches Marterinstrument der imperialen römischen Politik, sondern „ein Sym-

---

[96] AaO., S. 256.
[97] AaO., S. 28.

bol für die kosmische Ganzheit, mit dem des Weltenbaumes verwandt".

Zudem verschwinden bei Hildegunde Wöller die Grenzen zwischen Ich und Gott, d.h. Christus ist nur der „Archetypus des Selbst". Die Frage des Auferstandenen: „Simon, hast du mich lieb?" wird dann zur Frage: „Simon, kennst du dich selbst?" Daran zeigt sich sehr klar, wohin der Ansatz einer Theologie Jungscher Prägung führt, und auch, wie notwendig es ist, die Unterschiedenheit zwischen Gott und Mensch stets eindeutig im Auge (und in der Seele) zu behalten!

Auf ihren latenten Antijudaismus sei hingewiesen: da ist die Rede vom „Gott des Alten Testaments", dem „eifersüchtigen, rächenden und strafenden Gott", von dem Jesus sich „endgültig getrennt habe"; ebenso die Suche nach matriarchalen Ursprüngen jenseits der jüdischen Religion, ohne daß Hildegunde Wöller dies genau belegen würde: „Der Posaunenzug um Jericho ähnelt einem alten Mondritual" – woher weiß sie das? Jerusalem habe seine Symbolkraft von heidnischen Mythen, das Sabbatgebot seinen Ursprung in mutterrechtlichen Religionen – solche m.E. im Kern antijüdischen Behauptungen könnten wohl damit zusammenhängen, daß die Geschichte bei den Jung-Jüngerinnen so gar keine Rolle mehr spielt!

GERDA WEILER, DAS MATRIARCHAT IM ALTEN TESTAMENT

Zunächst wird es den/die Leser/in erstaunen, daß ein Buch wie das von Gerda Weiler[98], das fast alle wichtigen Geschichten und Traditionen aus dem Alten Testament bespricht und feministisch interpretiert, nicht unter den biblisch-hermeneutisch orientierten Entwürfen behandelt wird, sondern hier bei der matriarchal-reli-

---

[98] Gerda Weiler, Das Matriarchat im Alten Testament, Stuttgart, Berlin, Köln, 1989. Ein früheres ähnliches Werk der Autorin trug den Titel „Ich verwerfe im Lande die Kriege. Das verborgene Matriarchat im Alten Testament", München 1984, ²1986. Die Autorin hat sich laut ihres Vorwortes in der zweiten Fassung, dort S. 8ff, seit 1986 mit dem Vorwurf des Antijudaismus gegen die feministische Theologie und auch gegen ihr eigenes Buch (s. dort Anhang S. 328ff) ausführlich auseinandergesetzt und die erste Fassung gründlich bearbeitet.

gionspsychologischen Richtung neben Büchern von Elga Sorge und Jutta Voss erscheint. Aber Gerda Weilers Ausgangspunkt ist nicht der Text der Hebräischen Bibel, sondern er liegt in der weiblichen Urkraft, der Himmelsherrin und in dem Matriarchat. Die Geschichten und Gestalten des Alten Testamentes werden daraufhin befragt, wieweit sie noch – spurenhaft – von der ursprünglichen matriarchalen Religion und Gesellschaft zeugen, oder aber inwieweit die spätere Redaktionsarbeit des exilischen Judentums diese verwischt oder umgewandelt hat.

So möchte ich zu Beginn den Versuch machen, die matriarchale Religion und Gesellschaft, die das Thema des ganzen Buches sind und die die Verfasserin anhand der altorientalischen Religionsgeschichte und auch aus den alttestamentlichen Texten entwickelt, im Zusammenhang darzustellen:

Gerda Weiler beginnt geradezu hymnisch und in Nachahmung des ersten Buches Mose und des Johannesevangeliums in ihren jeweiligen Anfangssätzen mit einer Darstellung der weiblichen Urkraft:
„Im Anfang war die Kraft.
Und die Kraft war weiblich und allgegenwärtig.
Sie wohnte in uns und in allen Dingen.
Sie schuf die innewohnende Ordnung,
die Rhythmen des Lebens und Vergehens, Flut und Ebbe,
den Aufgang und den Untergang der Sonne."[99]
Diese Kraft des Weiblichen ist Lebensraum, Erde, Höhle, Himmel, Wohnung. Für das Bewußtsein der frühen Menschen scheint die weibliche Lebenskraft begrenzt gewesen zu sein durch das Meer, durch die Wüste oder durch die Berge. All dies sind Orte des Todes, der Unterwelt. Aber von hier kommt auch das Leben – etwa als befruchtender Regen – im Herbst zurück. So bestimmt der Rhythmus von Tod und Wiedergeburt das Wirken der weiblichen Urkraft, der Herrin, der Himmelskönigin.

Später entwickelt sich aus diesem weiblichen Ur-Einen die Spannung des Polaren, des Weiblichen und des Männlichen. „Doch die integrierende Kraft bleibt weiblich."[100] Denn der von der Him-

---
[99] Weiler, Matriarchat, S. 16.
[100] AaO., S. 17.

melskönigin geborene Sohn wird zu ihrem ersten Partner und Geliebten. Er ist der Adon oder Baal, „der Urmensch als Vermittler zwischen der kosmischen Himmelskönigin und den Menschen, der Erlöser und Heilbringer nach der Dürre, der Gott des Berges, der Regen bringt, der die Unterwelt tapfer durchschreiten wird, um wiedergeboren zu werden"[101].
Der Gott = Mann ist mithin sterblich, nur die „Königin des Himmels hat keine Vergänglichkeit. Sie war, als noch nichts geboren wurde, und sie wird sein in Ewigkeit"[102].
Dies spiegelt sich auch auf der menschlichen Ebene wider: Nur der Mann ist „Mensch", „während jede Frau die kosmische, hervorbringende und gebärende Kraft auch in ihrem Irdischsein verkörpert"[103]. Die Inkarnation der Göttin und ihres Sohn-Geliebten, des Gottes, erfolgt in der Priester-Königin und in dem männlichen Kultträger, dem König. Darum ist der Kult die lebensspendende Teilhabe an dem Gottesgeschehen. Im Kult wird der Mensch hineingenommen in den Tod, die Unterweltfahrt und die Wiedergeburt des Königs sowie in die Heilige Hochzeit zwischen Göttin-Priesterin und Gott-Kultkönig, die das Leben ermöglicht. Ein einheitliches ‚ritual pattern' („kultisches Muster") läßt sich überall in den altorientalischen Texten entdecken: Der Gott, der Sohn – Geliebte der großen Herrin, ist tot, er wird beklagt und begraben. Ein Opfer in der Unterwelt wird dargebracht. Dann aber befreit die Herrin den Geliebten aus dem Ort des Todes, sie führt ihn herauf, begeht mit ihm die Heilige Hochzeit und erweckt damit die abgestorbene Natur wieder zum Leben. Darum ist auch der König/Gott selbst der zeugende Impuls, der Regen- und Lebensträger.
Die Ethik, die dieser matriarchalen Religion entspricht, ist die ägyptische Ma'at, die Weisheit und die Einsicht. Sie ist nicht von außen aufgesetzt oder erworben, sondern sie ergibt sich von innen, aus der Übereinstimmung mit der Natur, aus der Beobachtung und Erfahrung, daraus, daß die Menschen in sich hineinhor-

---

[101] AaO., S. 59.
[102] AaO., S. 61.
[103] AaO., S. 70.

chen und die Ordnungen des Lebens erkennen. Darum braucht diese Weisheit keine äußeren Gesetze, deren Nichteinhaltung mit Strafen bedroht ist, sondern sie besteht nur in Empfehlungen, in Segen und Tabu und allenfalls in einem Reinigungszeremoniell für den Störer der Gemeinschaft.

Die matriarchale Religion ist universal und tolerant, denn die eine Herrin hat zwar viele Namen, Inana, Lilith, Aschera, Anat, Isis, aber es geht immer wieder um dieselbe weibliche Urkraft. Darum hat eine bestimmte Gottheit mit einem bestimmten Namen nur Geltung innerhalb bestimmter geographischer oder völkischer Grenzen. Jenseits davon soll der/die Gött(in) des anderen Landes verehrt werden. Matriarchale Menschen sind deshalb auch tolerant. Sie kennen die gesunde Aggression, die nötig ist, um die Aufgaben des Lebens anzupacken, aber sie kennen nicht die monomane Ideologie, die auf endgültige Vernichtung des Feindes aus ist. Wie die Gottheit viele Namen hat, so ist auch matriarchales Denken viel- und mehrdeutig. Die matriarchale Sprache ist eine Bildersprache, die die Vieldeutigkeit des Lebens, Tod und Wiedergeburt, umfaßt und so bewußt doppelsinnig ist. Aus den matriarchalen Gesellschaften ist das Patriarchat, die Umkehrung der ursprünglich weiblichen göttlichen Kraft ins Männliche und damit die Umakzentuierung der ganzen Gesellschaft entstanden. Religionsgeschichtlich geschah dies so, daß der allumfassende Charakter der Göttin aufgelöst wurde in seine verschiedenen Aspekte, in Hell und Dunkel, in Tod und Leben. Statt des einen Sohnes gebiert die Repräsentantin der Himmelskönigin Zwillinge, Esau und Jakob, Baal und Mot, den Gott des Lebens und den Gott des Todes.

Der Tod wird nicht mehr durch Unterweltfahrt und Wiedergeburt überwunden, sondern durch den Kampf. An die Stelle der kultischen tritt die politische Erlösung von den äußeren Feinden. „Das Ineinander von rettender und zerstörender Kraft wird aufgelöst."[104] Die Göttin wird aufgeteilt, sie wird passiv, veränderlich und dadurch zum Objekt patriarchaler Weltdeutung. Sie wird zur

---

[104] AaO., S. 46f.

Gattin, Tochter, Schwester eines Gottes. Das christlich-abendländische Bewußtsein hat diese Entwicklung auf die Spitze getrieben, da der männliche Vatergott überhaupt keinen anderen Gott mehr neben sich duldet.

Von den äußeren Ereignissen her haben politische Entwicklungen, wie die Bedrohung Israels durch die Philister, eine immer größere Spezialisierung des ursprünglich kultischen Königamtes veranlaßt: Kultischer König und Priester wurden zwei verschiedene Ämter; oft trat das Priester- und Prophetenamt gegen das Königtum, das noch Reste der matriarchalen Gesellschaftform kannte, kritisch und kämpferisch auf. Die politischen Aufgaben eines immer größer werdenden Reiches zwangen den König, seinen kultischen Hintergrund schließlich ganz aufzugeben.

Entfernung von der ursprünglichen Ganzheitlichkeit, Desintegration, Abspaltung, Verdrängung, Angst vor Macht- und Lebensverlust sind die Kennzeichen des Patriarchats. Weil die Dunkelseiten des Lebens und der Tod nicht durch eine kultische Dramatisierung verarbeitet werden, werden sie abgespalten und zum Bösen gemacht. An die Stelle des mehrdeutigen Denkens tritt die Einlinigkeit, die alles zerlegt und systematisiert; an die Stelle der Göttin mit vielen Namen und Kulten tritt der Mono-Theismus, der ausschließlich und intolerant ist. An die Stelle der weiblichen Symbolik von Tod und Wiedergeburt treten Symbole, die paradox und widernatürlich sind: Athene wird aus dem Kopf des Zeus geboren, Dionysos aus dessen Schenkel, Eva entsteht aus der Rippe Adams. Das patriarchale Bewußtsein eignet sich matriarchale Kultmacht an, die ihm wesensmäßig nicht zusteht. Die ursprüngliche Ordnung wird auf den Kopf gestellt: Gott erschafft den Himmel, der doch seine Mutter, die Urgöttin, ist. Der Gott, nicht die Göttin, soll gebären können. Da dies doch zu unwahrscheinlich ist, flüchtet sich das patriarchale Bewußtsein in die Abstraktion, etwa in die Schöpfung nur durch das Wort. Aber dieser Übergriff auf die schöpferische Potenz des Weiblichen rächt sich durch die Jahrtausende: Das Patriarchat ist ein einziger „Desintegrationsprozeß"[105],

---

[105] AaO., S. 46f.

eine einzige Neurose, die sich in Expansion und in Unterdrückung von Frauen und anderen Menschen und schließlich im Krieg äußert.

Mit diesen Grundgedanken geht Gerda Weiler an das Alte Testament oder – wie sie es selber lieber ausdrücken möchte – an die Hebräische Bibel heran. Diese gehört zu den Grundlagen unseres Bewußtseins, vermittelt durch einen oft gedankenlosen Religionsunterricht, der keine Anfragen zuläßt. Die Hebräische Bibel scheint patriarchal zu sein. Sie vermittelt den Glauben an einen patriarchalen Vatergott, den das Volk Israel von Anfang an verehrt haben soll. Die christlich-abendländische Theologie, die sowieso für die Autorin für alle Fehldeutungen als Sündenbock herhalten muß, hat dieses Verständnis des Alten Testamentes noch vertieft. Aber zum Beispiel aus der Tatsache, daß noch in der späten Zeit des Propheten Jeremia das Volk die Himmelskönigin verehrt (Jer 44,15), geht hervor: „Es gab keinen patriarchalen Urmonotheismus, sondern die Verehrung einer universellen, weiblichen Kraft."[106] Dies und das gesamte kultisch-soziale Gefüge, das hier zu Anfang geschildert wurde, läßt sich in der Hebräischen Bibel wiederentdecken. Verschüttete Quellen des Matriarchats im Alten Testament müssen aufgespürt und von der patriarchalen Überlagerung befreit werden. Für dieses Unternehmen stehen der Autorin folgende Hilfsmittel und Voraussetzungen zu Gebote:

– die Erkenntnisse der Archäologie und Orientalistik, besonders die Ras-Schamra-Texte, deren matriarchale Götterwelt und Kult die Autorin im Alten Testament wiederfindet,

– die in der alttestamentlichen Forschung immer mehr um sich greifende Erkenntnis von der späten Entstehung bzw. Endredaktion des Alten Testamentes im Exil, also im 6. Jahrhundert v. Chr.,

– die auch durch die alttestamentliche Forschung ermöglichte Erschütterung stets tradierter Vorstellungen, wie etwa die von Israel als einem einheitlichen, aus zwölf Stämmen bestehenden Volk und vor allem die Vorstellung eines Urmonotheismus.

---

[106] AaO., S. 85.

Trotz dieser Vorgaben hat die männlich bestimmte Forschung sich niemals die Frage gestellt, ob es in Israel ein Matriarchat gegeben habe. So müssen die Frauen diese Aufgabe selbst in die Hand nehmen. Vor allem muß erkannt werden, daß viele Geschichten des Alten Testamentes kultische Texte, Lesetexte für Kulthandlungen waren, die später zu Familiengeschichten historisiert und uminterpretiert wurden.

Zunächst wendet sich Gerda Weiler dem Glauben an den Einen, Großen Schöpfergott der Bibel zu. Dieser Gedanke ist nicht uralt, von Anfang an geltend, sondern – wie ein Vergleich mit der ägyptischen Religionsgeschichte zeigt – eher jung und spät. Dies zeigt, „daß die ‚uranfänglichen Schöpfer der Welt', die sich in den Religionen der Menschheit greifen lassen, zugleich ihre jüngsten Götter sind, die nach einem kollektiv-psychologischen Gesetz an den ‚Anfang der Schöpfung' projiziert werden."[107] In ähnlicher Weise werden auch jüngere Schriften älteren vorangestellt, um so den Anspruch größerer Wahrheit zu erhalten. Der eine Gott begegnet in der Tat im Alten Testament mit mehreren Namen – zum Beispiel als El, Schaddai, Jahwe. Ein synkretistischer Verschmelzungsvorgang dieser drei Götter hat auf dem Hintergrund der frühen Geschichte Israels stattgefunden. Daß dies geschehen konnte, zeigt, daß Jahwe ursprünglich ein matriarchaler Jünglingsgott wie Ba'al, El und Marduk war. Diese These läßt sich für die Verfasserin belegen durch manche noch vorhandenen matriarchalen Züge des Alten Testamentes, durch die Feste wie das Laubhüttenfest und das Neujahrsfest. Ein weiterer Hinweis ist das Buch Hiob als „Kultbericht von Werden, Fruchtbarkeit und dem Reichtum des Urmenschen..., dem auf der Höhe des Lebens alles genommen wird, der herunter muß ins Grab und in die Verdammnis, um schließlich herrlich wiederhergestellt zu werden"[108]. Die Himmelskönigin, die den Gott-Menschen wieder aus dem Reich des Todes befreit, ist allerdings „dem Korrekturstift des Nacherzählers zum Opfer gefallen"[109]. Aber trotz solcher Korrekturen bleibt Jahwe „der Gott des Berges, der Wolkenreiter und Regen-

---

[107] AaO., S. 89. [108] AaO., S. 94.
[109] AaO., S. 96.

bringer, auch nachdem die Göttin in seinem Umkreis nicht mehr zu finden ist"[110]. Liest man die Erzvätergeschichten unter diesem Vorzeichen – eben nicht als Familienromane, sondern als Kultlegenden, so begegnet die Autorin auch hier – wie im Buch Hiob – Kultheroen, die auf eine kosmische Herrin bzw. deren Stellvertreterin, eine Priesterin, bezogen sind und die als Kultträger, Priester und Könige Jahwe vertreten: zum Beispiel Sarah und Abraham (Gen 12,10ff,13), Lea und Ruben (Gen 30,14-17), Rahel und Benjamin (Gen 35,16ff).

Einen weiteren Hinweis auf den ursprünglich matriarchalen Charakter der Religion Israels ist die Errichtung und Anbetung des goldenen Stierbildes in der Wüste (Ex 32,1-6). Hier wurde nicht ein anderer Gott angebetet, sondern Jahwe selbst, ebenso wie die von dem König Jerobeam in Dan und Bethel errichteten Stierbilder (1 Kön 12,28-30) Jahwe darstellten. Dies wird auch von manchen Kommentatoren zugestanden. Gerda Weiler geht nun aber einen Schritt weiter, indem sie behauptet, diese Darstellung Jahwes in einem Stierbild weise ihn „als Stier seiner Mutter", als Sohn-Geliebten der Himmelsherrin aus. Sie stützt diese Behauptung auf die ägyptische Religionsgeschichte, wo der Mondgott als „Kamutef", als „Stier seiner Mutter" bezeichnet wird.

Auch die anderen erzählenden Traditionen des Alten Testamentes, die Mose-Erzählungen, die Frauengestalten im Buch der Richter oder im 1. Samuelbuch zeugen von einer matriarchalen Religion des Alten Testamentes, von der Existenz des matriarchalen Kultes mit Tod, Wiedergeburt und Heiliger Hochzeit und von der dementsprechend bedeutenden Stellung der Frauen als Inkarnationen der Himmelskönigin.

Die Erzählungen von Davids Königtum zeigen, wie das kultische Königtum in die politische Macht übergeht. Noch braucht David, der – zu Recht – als skrupelloser Machtmensch geschildert wird, die Legitimation durch das Matriarchat, um überhaupt König von Juda, von Israel und Jerusalem zu werden. Er erhält sie, indem er jeweils Kultträgerinnen, Erbprinzessinnen oder Priesterinnen hei-

---

[110] AaO., S. 104.

ratet – Abigail (1 Sam 25), Michal (1 Sam 18,20ff), Bath-Seba (2 Sam 11ff), die in Wirklichkeit Priesterin ist, und Abisag von Sunem (1 Kön 1).
Auch die in den Königsbüchern erwähnte Stellung der gebira, der Königinmutter, ein wohl wichtiges politisches Amt, weist auf die bleibende Bedeutung des Matriarchats hin, obwohl andererseits das politische Königtum das Matriarchat und die Heilige Hochzeit nicht mehr benötigt. Die Genealogien der Könige werden rein männlich.
Ist in der Geschichte vom Aufstieg Davids die Heilige Hochzeit zum bloßen Instrument der Machtergreifung verkommen, so findet sie ihre klarste Darstellung im Hohen Lied, das Gerda Weiler – in Übereinstimmung mit einigen alttestamentlichen Kommentaren – kultisch versteht.[111] Es ist mit einigen Umstellungen der Lesetext für die Suche der Priesterin nach dem toten Gott, für ihre Unterweltfahrt, um den Geliebten zu befreien, für die Freude des Wiedersehens und die Heilige Hochzeit.
Die Sprüche Salomos und der Prediger sind schließlich Hinweise auf die matriarchale Weisheit, die sich den Menschen von selbst erschließt und nicht durch äußere Gesetze erzwungen wird.
Die prophetischen Traditionen dagegen, von denen Gerda Weiler einige herausgreift, zeigen immer mehr das patriarchale Bewußtsein, die Umkehr der religiösen und gesellschaftlichen Verhältnisse.
Gerda Weiler hat den großangelegten Versuch unternommen, durch Entfaltung vieler alttestamentlicher Traditionen das Alte Testament, die Hebräische Bibel, dem Matriarchat, der Göttin, der universellen, weiblichen Urkraft wiederzugewinnen. Was aber ist ihr eigentliches Anliegen?
Sie möchte nicht, wie sie selber sagt, einen Rückfall in eine totemistische Weltsicht, in einen Nachvollzug von Göttermythen mit Kultmasken, oder auch die Flucht des modernen Menschen in mystische Erfahrungen und Allegorien. Was sie vielmehr auch mit diesem Buch erstrebt, ist ein verändertes Bewußtsein. Es ist ge-

---

[111] Siehe dazu Gillis Gerleman, Ruth, Das Hohelied. Biblische Kommentare 7, AT, XVIII, 2., Neukirchen-Vluyn 1963, S. 48.

kennzeichnet durch Ganzheitlichkeit, Lebensbejahung, durch Integration von Liebe und Sexualität, durch eine Beschränkung von Aggression, durch Verhinderung von Kriegen und Machtmißbrauch. Dies kann aber nur erreicht werden, wenn die matriarchale Weisheit „als erlösendes und richtungsgebendes Prinzip wieder in die ihr zukommende Stellung"[112] eingesetzt wird, wenn die Menschen wieder dem Ordnungsgeheimnis des Lebens, das am Anfang der Dinge stand, verpflichtet werden. Dies bedeutet schließlich eine „Reintegration des Männlichen ins matriarchale Umgreifende"[113]. Ganzheit kann nicht gewonnen werden dadurch, daß „männlich" und „weiblich" sich wieder zu einem Ganzen zusammenfinden, sondern nur durch die Einbettung „in die Ordnungen der Natur als des Großen Weiblichen, das sie nicht zerstören dürfen und dessen Be-Herrschung den Untergang bedeuten wird"[114]. Die Autorin ist – trotz der biblischen Materie – damit einer feministisch eingefärbten New-Age-Bewegung zuzuordnen. Trotzdem sind viele ihrer Deutungen alttestamentlicher Traditionen einflußreich auf die Art, wie Menschen und vor allem Frauen das Alte Testament sehen. Es ist daher nötig und berechtigt, sich auch auf der Basis der biblischen Theologie mit diesem Buch auseinanderzusetzen:
Eine kritische Würdigung muß zunächst positiv anmerken, daß die Autorin ein breites, alttestamentliches Wissen entfaltet und manche alttestamentliche Erzählung durch ihre ungewöhnliche Interpretation in neuem Licht erscheinen läßt. Viele Beobachtungen und Thesen haben einen Anhaltspunkt an alttestamentlichen und religionsgeschichtlichen Forschungsergebnissen. Die enge Verflochtenheit des Alten Testamentes mit seiner Umgebung wird deutlich, ebenso die gelegentlichen Brüche und die Widersprüchlichkeit der Endfassung der Texte. Abgesehen von einigen Ungenauigkeiten und Einseitigkeiten in der Quellen- und Literaturbenutzung müssen – auch aus der Sicht der alttestamentlichen Theologie – folgende kritische Gesichtspunkte gegenüber der Autorin geltend gemacht werden:

[112] AaO., S. 322.
[113] AaO., S. 322.
[114] AaO., S. 200.

Was ihr nicht in ihr am Anfang skizziertes Konzept paßt und sich auch nicht uminterpretieren läßt, wird schlichtweg verschwiegen. Gelegentlich muß gefragt werden, ob nicht das von der Autorin so gegeißelte, einlinige, patriarchalische Denken auch bei ihr durchschlägt, wenn sie ihre Thesen durch alle möglichen Texte hindurch verfolgt, auch an Stellen, an denen es kaum paßt, und wenn die Erzählung mit aller Gewalt auf den matriarchalen Mythos hingebogen wird.[115] Wenn viele Erzählungen, die zweifellos Legendäres enthalten oder auch auf wiederholte Begehungen oder Wallfahrten hinweisen, nur Kultlegenden sein sollen, wo bleibt dann aber die Geschichte?

Zur grundsätzlichen These des Buches, daß es keinen Urmonotheismus gegeben habe und sich dies – gegen allen Augenschein – aus dem Alten Testament erhärten lasse, ist zu bemerken: Zunächst hat die alttestamentliche Forschung der letzten Jahre wirklich ergeben, daß am Anfang auch in Israel die polytheistische Praxis steht. Dies spiegelt sich im Alten Testament und in den archäologischen Funden wider. Die Verehrung Jahwes entwickelt sich erst allmählich unter dem Einfluß des davidischen Königshauses und bestimmter Propheten, wie etwa Elia, zuerst als ein Kult neben anderen, dann zunehmend mit monotheistischem Ausschließlichkeitsanspruch für Israels Gottesverehrung.[116] Aber muß dieser eine Gott, den ja das Alte Testament schließlich bezeugen will, ein patriarchaler Vatergott sein, der zwangsläufig eine patriarchalische, Frauen unterdrückende Gesellschaft zur Folge hat? Für das Verständnis des Buches hängt alles ab von der These der Autorin, daß Religion nur eine Spiegelung der gesellschaftlichen Verhältnisse ist. „Alle Religion ist Transzendenz des Diesseitigen."[117] Patriarchate projizieren den Vatergott in den Himmel, Matriarchate richten sich an eine Göttin. Die Feuerbachsche These, daß Götter nur Projektionen des menschlichen Bewußtseins

---

[115] AaO., S. 171. Als Beispiel Richter 4: Die Ermordung des Sisera war ursprünglich die kultische Unterweltfahrt eines Helden.
[116] Siehe dazu auch das von Gerda Weiler etwas pauschal herangezogene Buch: Bernhard Lang (Hg.), Der einzige Gott, Stuttgart 1981.
[117] AaO., S. 240.

sind, wird positiv aufgenommen. An die Stelle des Glaubens an den einen Vatergott tritt für die Autorin folgerichtig die Verehrung der einen, weiblichen Kraft, der sich das Männliche einzuordnen hat. So kommt die Autorin gelegentlich zu Sätzen, die auch für den/die wohlwollende(n) Leser/in problematisch klingen, etwa wenn sie behauptet, die Schöpfung des Himmels durch Gott stelle die Verhältnisse auf den Kopf, da der Himmel die Mutter Gottes sei.[118] Aber Transzendenz beinhaltet – schon von der Definition her – ein die erfahrbare Wirklichkeit überschreitendes Element. So sehr jede Religion, auch die christliche, abhängig sein mag von ihren gesellschaftlichen Bedingungen, so enthält die Rede von Gott doch stets einen überschießenden, die herkömmlichen Vorstellungen sprengenden Gedanken: Auch der Gott des Alten Testamentes ist nicht nur der Vegetationsgott, der den Ablauf des Jahres von „Saat und Ernte, Frost und Hitze, Sommer und Winter, Tag und Nacht" (Gen 8,22) in Gang hält, sondern er ist auch der ganz andere, der erschreckende Gott, der Gott, der den politischen Untergang seines Volkes will und bewirkt, der Gott, der entgegen allen gängigen Vorstellungen nicht in machtvollen Naturerscheinungen, in Erdbeben oder Vulkanausbrüchen gegenwärtig ist, sondern in der Stille (1 Kön 19,11ff), der Gott schließlich, von dem in vielen männlichen, aber auch in einigen weiblichen Bildern gesprochen wird. Andererseits entzieht sich Gott mit der Deutung seines Namens Jahwe „Ich werde da sein" oder „Ich werde sein, der ich sein werde" (Ex 3,14) jeder Verfügung und (auch kultischer) Vereinnahmung.

Das Alte Testament und die Religionsgeschichte gehören sicher zusammen – aber eben in einem kritischen Sinn: Die Götterwelt, die zweifellos für viele Geschichten im Hintergrund steht, wird durch die Herrschaft Jahwes, durch seinen von der Verfasserin gegeißelten Alleinherrschaftsanspruch, entzaubert.

Darum entspricht es wohl auch eher der Absicht des Alten Testamentes, das Hohe Lied der Liebe als eine Sammlung weltlicher Liebeslieder zu verstehen statt als Lesetext für die „Heilige Hochzeit"[119]. Weltlichkeit, Profanität, Befreiung von allem Mythi-

---

[118] AaO., S. 272.
[119] So auch Gerleman, aaO., S. 51f.

schen, wirkliche Hinwendung zum anderen Menschen – das ist eine Konsequenz daraus, daß Jahwe allein Herr ist und daß er jenseits der Polarität der Geschlechter steht.
Allerdings verdankt das Hohe Lied seine Aufnahme in den Kanon der allegorischen Deutung: Freundin und Freund werden dabei als Symbolgestalten für Israel bzw. die menschliche Seele und Gott verstanden.
Gerda Weiler hebt diesen befreienden Charakter des Alten Testamentes geradezu auf: Die Natur wird wieder göttlich, sie wird spiritualisiert. Lebensvorgänge wie Wachsen, Gedeihen, Liebe, Sexualität, Untergang, Tod werden zum Mythos; die Hochzeit zweier Menschen ist nicht die Krönung ihrer Liebe, sondern eine kultische Handlung, die sich von den Gefühlen der/des einzelnen ablösen läßt. Die Autorin würde darauf verweisen, daß ihre Sicht der Religion des Alten Testamentes im Gegensatz zu den Auswirkungen der christlichen Tradition zum ehrfürchtigen Umgang mit der Natur und den Mitmenschen führt. Eine solche Verhaltensweise aber folgt genauso aus der Bindung an Jahwe und seine Gebote – aber eben als ethische Entscheidung und nicht als ein gefühlsmäßiges Aufgehen in einer matriarchalen Weisheit.

ELGA SORGE

Der Fall und die kirchliche Verurteilung der evangelischen Theologin Elga Sorge, ehemalige Studienleiterin am Pädagogisch-Theologischen Institut in Kassel, sorgte für einiges Aufsehen im Herbst 1989, wie auch dafür, daß weitere Kreise sich für feministische Theologie interessierten. Sogar der SPIEGEL widmete ihr einige Seiten. Da ihre „Zehn Erlaubnisse" wohl relativ bekannt sind, soll versucht werden, Elga Sorges Theologie oder was sie dafür hält, anhand dieser „Neuformulierung" der zehn Gebote darzustellen.
„1. Erlaubnis
Ich bin die Weisheit und die Kraft in allem und neben mir sitzt Gott, der Menschensohn, der auf den Wolken des Himmels kommt. Ihr dürft alle seine Namen und alle meine Namen, die die Völker erfunden haben, ehren. Denn ich bin nicht eifersüchtig

und räche die Missetaten der Väter nicht an unschuldigen Kindern bis ins dritte und vierte Glied."[120]

Daß Elga Sorge hier auf einem feministischen Weg, fern vom traditionellen Gottesbild, ist, liegt auf der Hand: Gott der Vater wird ersetzt durch „die Weisheit und die Kraft", d. h. das griechische Wort sophia (Weisheit) stellt die Ur-Göttin dar, wohingegen Gott nur als das Abgeleitete, der „neben ihr Sitzende", vorkommt. Hier trifft sich Elga Sorge mit anderen feministischen Theologinnen, die lieber Sophialogie oder Theasophie betreiben, als die in ihren Augen patriarchale (Männer)Theologie.

Ist im Vaterunser „die Kraft" als etwas Gott Gehörendes bezeichnet, so fehlt diese Unterscheidung bei Elga Sorge und „die Kraft" (d. h. die Kraft des Lebens) tritt selbst an göttliche Stelle.

Dies ist wieder der bezeichnende Unterschied, auf den so häufig bei feministischer Theologie hinzuweisen ist, nämlich die Neigung, den lebendigen, alles übersteigenden Gott der Bibel in alle möglichen Kräfte bzw. letztlich das eigene Ich hinein total aufzulösen. Konsequenterweise ist dann auch die Eifersucht und Rache Gottes hinfällig – ganz abgesehen davon, daß Elga Sorge von der Barmherzigkeit Gottes im biblischen Text der zehn Gebote keine Notiz nimmt (Ex 20,6).

„2. Erlaubnis

Du darfst Dir unbegrenzt viele Bilder und Gleichnisse von mir machen und mich erkennen und lieben in allem, was lebt, besonders in Deinen Nächsten; denn ich habe Dich erschaffen, zuerst geliebt und bestrafe Dich nicht für Deine Fehler, die ich vergebe."[121]

Wenn „Gott" sich ganz im Immanenten auflöst, ist das biblische Bilderverbot sinnlos. Es bleibt allerdings dann auch die Frage offen, wer dieses „Ich" eigentlich sein soll, das hier spricht – dies ist das Dilemma dieser Art feministischer Theologie, daß sie zum einen das Göttliche in „Kraft" und „Leben" auflöst, aber doch irgendwo eine Gottheit ansiedelt: „Die Göttin – das bin ich" kann Elga Sorge sagen. Bei diesem verschwimmenden göttlichen Sym-

---

[120] Elga Sorge, Religion und Frau, Weibliche Spiritualität im Christentum, Stuttgart/Berlin/Köln/Mainz ⁵1988, S. 97.
[121] AaO., S. 97.

bol ist es nur logisch, daß es ihm/ihr gegenüber keine „Fehler" geben kann. (Der strafende Gott ist sowieso eines der brisanten Ärgernisse für Feministinnen!) Die göttliche Kraft Elga Sorges entspricht eher dem Gottesbild Voltaires: „Pardonner c'est son métier". Somit ist diese Auffassung vom biblischen Gott, dem Gott Jesu, der gerade kein Gott der „Billigen Gnade" (Dietrich Bonhoeffer) ist, meilenweit entfernt.

„3. Erlaubnis

Du darfst alle meine Feste im Jahreszyklus feiern, auch DIE HEILIGE HOCHZEIT, auch Sabbate und Sonntage, doch wisse: sie sind um der Menschen willen da, nicht umgekehrt."[122]

Die „Feste im Jahreszyklus" sind nicht unbedingt die Feste des christlichen Kirchenjahres, sondern eher die matriarchalen Feste, obwohl oft diese alten Feste von der Kirche gewissermaßen übernommen oder verändert, „christianisiert" wurden. Auf der symbolischen Ebene gibt es nach Elga Sorge die „Initiation durch die Göttin im Frühling, Heilige Hochzeit mit ihr im Sommer, Tod im Herbst und Wiedergeburt im Frühjahr"[123]. Um Mißverständnissen vorzubeugen: „Die Göttin ist also kein ‚weiblicher Gott', sie bedeutet eine andere Einstellung zur Welt als der Glaube an Gott, den Herrn. Die Göttin und ihr Heros sind Symbole für die tiefe Verbundenheit aller mit dem Lebensstrom (mainstream of life)."[124] Die Heilige Hochzeit ist also interpretierbar als die tiefe Beziehung zur Göttin wie als Liebesvereinigung zwischen zwei Menschen. Beides geht in eins. Dabei ist klar zu unterscheiden, daß hier etwas völlig anderes vorliegt als die klassische unio mystica (Augustin, Luther, auch teilweise die lutherische Orthodoxie). Daß allerdings Feiertage (Sonntag) um der Menschen willen da sind und nicht umgekehrt, entspricht natürlich dem Evangelium!

„4. Erlaubnis

Du darfst Mutter und Vater ehren, lieben und verlassen, so wie sie Dich, und mir nachfolgen, auf daß es Euch wohlergehe auf Erden; denn Ihr seid zur Freiheit berufen, nicht zur Knechtschaft.

---

[122] AaO., S. 97.
[123] AaO., S. 66.
[124] AaO., S. 66.

„5. Erlaubnis
Du darfst den Tod bejahen als Wandlung zu neuem Leben, und Du brauchst nie zu töten, nicht einmal dann, wenn man sagt, Gott selbst habe dies befohlen."[125]

Abgesehen davon, daß Elga Sorge mit Nachfolgen meint „der Sophia nachfolgen" und hier die Nachfolge Christi verschiebt, wenn nicht die Begriffe verändert – ich denke, ihre Zuspitzung der Gedanken bringt einiges auf den Punkt: das „Verlassen" innerhalb der Familie ist durchaus als jesuanische Weiterentwicklung des vierten Gebotes zu verstehen, und für den Lebenszusammenhang von Frauen vielleicht besonders wichtig, da diese eher mit familiärer Klebfestigkeit zu kämpfen haben!

„6. Erlaubnis
Du darfst ehebrechen, Du kannst ja nicht anders, weil jede, die einen andern Mann ansieht, seiner zu begehren, in ihrem Herzen schon die Ehe gebrochen hat. Aber natürlich darfst Du auch treu sein."[126]

Elga Sorge liebt es, von einer Kirche zu träumen, die „von unzerstückelter Liebe und heilendem Eros getragen ist und die daher bestimmte christliche Symbole (besonders das Kreuz, den Gekreuzigten und einen gewalttätigen Vater-Gott) in ihren lebensfeindlichen und sadospirituellen Wirkungen wahrzunehmen und umzuwandeln in der Lage ist"[127]. Folglich ist da auch kein Platz für „einengende" Verbote des Ehebruchs. Innerhalb des feministischen Gedankengangs stellt sich allerdings die Frage, ob Elga Sorge hier die Frauen nicht wieder ganz traditionell auf ihre starken Gefühle fixiert, wenn sie schreibt: „Du kannst ja nicht anders"? Daß die Erotik auch sehr dunkle Seiten haben und anderen viel Leid bereiten kann, will sie anscheinend nicht sehen.

„7. Erlaubnis
Du darfst Deine Güter mit anderen teilen und Dir nehmen, was Du zum Leben brauchst. Dann wirst Du nicht stehlen und Dinge nur für Dich haben wollen, die auch andere brauchen."[128]

---

[125] AaO., S. 98. [126] AaO., S. 98.
[127] AaO., S. 38. [128] AaO., S. 98.

Elga Sorge denkt sehr positiv vom Menschen, d. h. hauptsächlich von der Frau[129]: „Dann wirst Du nicht stehlen" – es scheint hier das alte Muster von der Tugend durch, die aus Erkenntnis kommt (hier aus matriarchaler Sophia-Erkenntnis).
„8. Erlaubnis
Du darfst immer die Wahrheit sagen, es wird Dir guttun, aber laß das Schwören sein, denn dies vermagst Du nicht – oder kannst Du auch nur ein einziges Haar Deines Kopfes (ohne künstliche Mittel) schwarz oder weiß machen?"[130]
Ähnlich wie bei der siebten Erlaubnis drückt Elga Sorge hier den Ansatz ihres Denkens klar aus: „Es wird dir, Frau, guttun" – dagegen wäre beileibe nichts einzuwenden! Zumal da Frauen es sehr wohl brauchen können, daß ihnen etwas guttut: Nach der bekannten UNO-Statistik leisten Frauen zwei Drittel aller Arbeit, erhalten aber nur ein Zehntel des Welteinkommens und kontrollieren nur ein Hundertstel aller Produktionsmittel. Andererseits ist in den Geboten des Dekalogs der Ausgangspunkt eben nicht der Mensch bzw. hier die Frau, sondern Gott, der Heilige und aus der Sklaverei Befreiende. Wie aus dem bisher Betrachteten hervorgeht, steht Elga Sorge diesem (biblischen) Standpunkt verständnislos und konträr gegenüber, dies zeigt sich auch in der 9. und 10. Erlaubnis:
„9. Erlaubnis
Du darfst den Mann Deiner Nächsten und alle Dinge, die sie hat, lieben, doch begehre sie nicht als Besitz.
10. Erlaubnis
Du darfst Dich öffnen und werden, was Du bist, auch neidisch, haßerfüllt, egoistisch, eifersüchtig, wütend, narzißstisch und böse; denn Liebenden wird auch das Böse, werden alle Dinge zum Besten dienen, also: liebe – und tu, was immer Du willst!"[131]
Wieder setzt Elga Sorge hier ein großes Vertrauen in „das Gute in der Frau" voraus. Steckt dahinter dann nicht doch die traditionelle

---

[129] Hedwig Meyer-Wilmes reiht Elga Sorge unter den gynozentrischen Feminismus ein (Hedwig Meyer-Wilmes, Rebellion auf der Grenze. Ortsbestimmung feministischer Theologie, Reihe frauenforum, Freiburg / Basel / Wien 1990).
[130] AaO., S. 98.
[131] AaO., S. 98.

männliche Sicht von der ewig-weiblichen Güte? Und konsequenterweise ändert sie den Satz des Augustin „ama deum – et fac quod vis" um ins rein menschliche „liebe – und dann tu, was immer Du willst!"

Da bei Elga Sorge, wie gesagt, der Ansatz ihres Denkens die Frau ist und im Grunde damit eher der „bessere Teil der Menschheit" gemeint ist, wird Gott zum patriarchalen Monster gemacht. Wie bei anderen feministischen Theologinnen, liegt bei Elga Sorge der Antijudaismus nahe, sehr greifbar in der Gegenüberstellung von ihren Nachdichtungen zum Vaterunser („Herr Vaterunser" und „Mutterunsere"[132], wo sie sagt: „Du Herr, bist auch der Krieg, der Vater aller Dinge, der ... die Erde und die Frauen den Männern unterwirft, in dem Wahn, Er allein hätte Himmel und Erde gemacht." Und dagegen betet sie: „Heilige Mutter Materia, Du bist Himmel und Erde, Feuer, Wasser, Luft und Geist, die Eine mit vielen Namen, Inana, Ishtar, Lilith, Eva, Maria..."[133]

JUTTA VOSS

Der Ausgangspunkt von Jutta Voss[134] ist die Unterdrückung der Frau auf Grund ihrer menstruellen Blutung. Wie die Autorin wohl aus ihrer Tätigkeit als Krankenhauspfarrerin in einer Frauenklinik weiß, macht dies Frauen krank und hat sie schon immer als Opfer ausgeliefert – an Priester, Hexenverfolger, männliche Gynäkologen und Psychotherapeuten. Diese eindrucksvoll dokumentierte und erschreckende Unterdrückung, Verteufelung und Verächtlichmachung der Menstruation führt Jutta Voss dazu, über dem Thema der monatlichen Blutung nach der Ganzheit der Frau zu suchen. Mittel und Wege hierbei sind für die Autorin einmal Bilder als Formen weisheitlichen Wissens und matriarchaler Geschichtsschreibung. Beim Sammeln solcher Bilder im Zusammenhang mit dem Blut der Frau ist Jutta Voss – zu ihrem eigenen Er-

---

[132] AaO., S. 90f.
[133] AaO., S. 91.
[134] Jutta Voss, Das Schwarzmondtabu. Die kultische Bedeutung des weiblichen Zyklus, Stuttgart 1988.

staunen – immer wieder auf das Bild des Schweines als des Ur-Uterus gestoßen. Ein zweiter Weg auf der Suche nach der Ganzheit der Frau ist die Frage nach der Göttin, nach den Mythen. Diese sind nicht unhistorisch, sondern andershistorisch. Mythen und Symbole stellen das Denken dar, das – im Gegensatz zum patriarchalen Denken – subjektiv und betroffen ist, und das als solches jeder rationalen Reflexion vorausgehen muß.

Mythen sind – und dies ist ein wichtiger Gedanke bei Jutta Voss – nichts anderes als Energieschwingungen der Ur-Materie. Am Anfang steht für die Autorin die „Göttin Physis", die Materie, die sich in verschiedenen Frequenzen und Dichten darstellt, als leiblich-materielles Geschehen, als psychisch-mythisch-matriarchale Vorstellung, als geistig-rationale (patriarchale) Reflexion. Jeder geistige Vorgang, jede Vorstellung hat so einen „Bio-Code", eine Grundlage in einem leiblich-materiellen Vorgang.

Im Körper der Frau gibt es drei Energiefelder, die sich vergeistigt haben zur matriarchalen Religion und zu einer politischen Kultur des Weiblichen: das Drama um Ei und Samen, das sich niederschlägt in der Vorstellung von der heiligen Hochzeit, das Zyklusblut, das zu einer Mutter-Tochter-Beziehung und zur Abhängigkeit des Mannes von der weiblichen Leitung führt, und die Menstruation, die dreiphasige Abfolge von Blutleere, Fülle des Blutes und Blutung innerhalb des Uterus. Diesem dreiteiligen Vorgang entsprechen die weiß-rot-schwarze Göttin und die Phasen des Mondes.

Während das Patriarchat – von Hippokrates bis Freud und Jung – die Menstruation als unrein, giftig, als Anomalie, Hysterie und Schwäche abgetan hat, ist sie in Wirklichkeit das weibliche Sakrament, die Möglichkeit der Frau zur Identitätsfindung. Sie ist das Blut der Wandlung des Todes in das Leben. Denn mit der Menstruationsblutung ist die Möglichkeit zur Fruchtbarkeit zunächst sozusagen gestorben. Gleichzeitig ist die Mensis die Ermöglichung neuer Empfängnis und Schwangerschaft und damit die Voraussetzung für die Entstehung neuen Lebens.

Darauf verweisen viele etymologische und archäologische Belege. Die im Gegensatz zur Tierwelt monatlich wiederkehrende Blutung der Frau steht am Anfang der Menschwerdung des Menschen: „Die Bewußtwerdung der Menschheit beruht auf dem biopsychischen Code der Blutung der Frau und deren geistiger Erkenntnis als Wandlungsmysterium"[135], denn diese Erkenntnis setzte ein zyklisches Weltbild der Wiederkehr, der Wiedergeburt innerhalb dieser Welt, des runden Alls aus sich heraus. Symbol wurde das heilige Schwein, die kraftvolle, schäumende Wildsau. Die Kraft des weiblichen Blutes, des „sacer mens", des heiligen Monats, ist sowohl für die Frau wie für die Gesellschaft und Religion äußerst bedeutsam: „Das Blut der Frau ist das Wichtigste im Leben der Menschheit... Blutig zu sein ist auch das Gewichtigste im Leben einer Frau."[136] Frauen sollten deshalb offen zu ihrer Vollmacht stehen.

Das Schwingen in den auf der Menstruation begründeten Zyklen bedeutet Gesundheit und Heil; Krankheit und Unheil dagegen ist es, sich dagegen zu stellen, eine Haltung einzunehmen, die keine Grundlage im Bio-Code hat. Solches Heilsein ist jedoch nicht nur Privatsache eines/einer einzelnen, sondern eine politische Forderung. Weil jede/r teilhat an den kosmischen Zusammenhängen, darum kann sich keine(r) aus der Gesamtverantwortung herausnehmen. Von dem Lebensblut der Frau blickt die Autorin kritisch auf die Betonung des Blutes Christi in der christlichen Erlösungslehre: „Das männliche Blut, auch das Blut Jesu, ist und bleibt Tötungsblut und kann daher als Wandlungsmysterium nur symbolisch verstanden werden. Das Wandlungsmysterium des weiblichen Blutes ist real."[137] Auf Grund ihres Blutes ist die Frau, nicht der Mann, biologisch, kultisch und politisch potent. Die Entwicklung des Patriarchats ist eine unnatürliche Veränderung des bio-codierten männlichen Verhaltens. Denn dieses kennt zwar den Kampf von Mann gegen Mann (= des Samens mit dem Samen im Wettlauf zu der Eizelle), aber nicht den Kampf des Mannes gegen die Frau: der Same kämpft nicht gegen die Eizelle, sondern geht in ihr auf.

[135] AaO., S. 57.
[136] AaO., S. 51.
[137] AaO., S. 50; s.a.S. 107, 116, 145, 252, 260.

So entstand das Patriarchat durch unnatürliche Verdrängung weiblicher Werte. Symbol für diesen Vorgang ist die Abwertung des Schweines, also der Wildsau. Um dies bewußt zu machen, interpretiert die Autorin mehrere Texte: aus dem tiefenpsychologisch gedeuteten Märchen vom Tapferen Schneiderlein, vor allem aus dem Kampf mit der wilden Sau, wird deutlich, wie gerade die christliche Männerkirche die Frau – wie die Sau in der Kapelle des Märchens – eingesperrt und ihrer Eigenständigkeit beraubt hat. Die Frau, die von der kraftvollen Wildsau zum rosa Hausschweinchen mit möglichst vielen Ferkeln = Kindern domestiziert wurde, hat diese Entwertung auch in selbstbehaupteter Schwäche und Abhängigkeit internalisiert.

Die legendäre Erzählung von Franziskus von Assisi, er habe eine wilde Sau verflucht und diese sei dann jämmerlich verendet, hat zur Verkehrung des ursprünglich Heiligen ins Verfluchte geführt und letztlich die Verfolgung von Frauen als Hexen mitverursacht. Die neutestamentliche Geschichte vom verlorenen Sohn (Lk 15,11-32), der sich eine Zeitlang bei den Schweinen aufhält, aber dann wieder zu seinem Vater zurückkehrt, zeigt, wie das Christentum zur patriarchalen Religion von Söhnen wird, die zwar die Mutter = die Schweine wieder verlassen, sich aber vom Vater vereinnahmen lassen oder gar – wie Jesus, der Sohn schlechthin – an der Stelle des alten Gottes sterben. Das aber widerspricht der matriarchalischen Regel und dem Naturzyklus vom Aufgehen des Samens im Ei, vom Sterben des alten Königs. Das Christentum erstarrt im „Alten-König-Syndrom". Gott ist nicht wirklich derjenige, der als Schöpfer die Welt in Gang hält, sondern er ist der Anti-Schöpfer. Durch das alttestamentliche Verbot des Schweinefleischessens (Dtn 14,8; Jes 65,4; 66,17) wird nicht nur die vielfach bezeugte Schweine-Göttin ausgemerzt, damit beginnt vielmehr auch die Verachtung der Frau. „Das Schwein, die Geburt, das Blut und der Tod sind heilige Erfahrungen in der matriarchalen Religion. Durch die neuen Religionsgesetze werden sie zum Verfluchten im patriarchalen Kult."[138]

---

[138] AaO., S. 141.

Abschließend wendet sich die Autorin mit einem reichhaltigen etymologischen, archäologischen und religionswissenschaftlichen Material der positiven Darstellung von matriarchalen Energiefeldern zu. Danach werden Leiberfahrungen rituell nachvollzogen; ein zyklisches Weltbild entsteht. Symbole entwickeln sich, wie z. B. die Höhle als Kultort, das Himmelsgewölbe als kosmischer Uterus. Dem sichtbaren Rund der Oberwelt entspricht die unsichtbare Schale der Unterwelt. Die Schweinegöttin ist dabei die höchste Form der Bewußtwerdung. Jutta Voss belegt dies mit alten Darstellungen aus Melanesien, Indien, dem alten Ägypten, Jugoslawien, aber vor allem aus dem alten Griechenland mit den eleusinischen Mysterien und anderen Riten, bei denen Ferkel geopfert wurden. Immer wieder wird betont: Es geht bei alledem nicht um Fruchtbarkeitsriten, die die Frau dem Mann unterwerfen würden, sondern um die Menstruation, die die Wiedergeburt allen Lebens ermöglicht. Die Mensis, die die Autorin direkt oder indirekt – als heraushängende rote Zunge – auf vielen Bildern und Plastiken dargestellt findet[139], soll die Autonomie der Frau gewährleisten. Der dreiphasige Menstruationszyklus der Frau von Blutleere, Blutfülle und Blutung vergeschichtlicht und ritualisiert sich in dreifachen, weiß-rot-schwarzen Göttinnen, wie den eleusinischen Göttinnen Kore, Demeter und Persephone. Diese Dreiheit von Göttinnen ist der christlichen Trinität weit überlegen, weil sie auf dem Bio-Code des weiblichen Zyklus basiert. Sie besitzt das Mysterium, daß Blut = Tod sich zum Leben wandelt, unmittelbar im Blut der Frau und nicht im Tötungsblut des Mannes.

Eine echte männliche Religion, die auch Frauen etwas sagen könnte, läßt sich eigentlich nur aus dem Energiefeld des Samens entwickeln.

Es ist sicher ein Verdienst von Jutta Voss, daß sie mit ihrem Buch Frauen zu einer positiven Einstellung zu ihrem Körper, vor allem zu dem Vorgang der Menstruation, verhilft. Ihre Beobachtungen zur modernen Gynäkologie, die Frauen oft nur als Material behandelt, die Darstellung, wie die monatliche Blutung verächtlich

---

[139] S. die Abbildungen aaO., S. 168 und S. 190.

gemacht worden ist, sind leider nur allzu richtig und können von vielen Frauen aus eigener Erfahrung bestätigt werden.
In spannender Weise bietet die Autorin viel religionsgeschichtliches Material und liefert tiefsinnige tiefenpsychologische Deutungen alter Texte. Wenn auch auf eine genaue Auswertung des religionsgeschichtlichen Materials hier verzichtet werden muß, so drängt sich aber doch, wie auch bei den sprachlichen Ableitungen, der Eindruck auf, daß völlig Unterschiedliches in purer Assoziation zusammengebracht wird. Die von Jutta Voss mehrfach geäußerte Kritik an der christlichen Lehre, daß Jesus uns durch sein Blut erlöst habe, hat zwar angesichts übertriebener Frömmigkeitsformen – wie teilweise im protestantischen Fundamentalismus – eine gewisse Berechtigung. Die Autorin übersieht aber völlig, daß dieser sicher sehr zentrale Gedanke nicht die einzige Deutungsmöglichkeit von Jesu Leben und Werk innerhalb des Neuen Testaments ist. Die Rede vom „Blut Jesu" wird im Neuen Testament bildlich, als Ausdruck seines Todes gebraucht. Es geht dabei nicht um einen geheimnisvollen Stoff, der reinigt und vom Tod ins Leben überführt, sondern es geht um den harten, zerstörenden Tod als letzte Konsequenz der Sünde. Daß dieses Sterben zum Heil der Welt wird, oder daß – bildlich gesprochen – das Blut Jesu Christi uns von aller Sünde reinigt (1 Joh 1,8) ist kein Vorgang, der sich aus natürlichen Gesetzen ergibt, sondern dies folgt aus Gottes schöpferischem Akt in der Auferweckung Jesu.
Diese Überlegungen führen zu zwei Themen, die grundlegend für Jutta Voss sind, die Heiligsprechung der Materie und die Leugnung der Sünde.
Gott steht der Materie nicht als Schöpfer gegenüber, sondern er geht in ihr auf, in der heiligen „Göttin Physis". Nur soweit Gott den Schwingungen dieser Materie folgt, ist er Gott, sonst wird er zum Anti-Schöpfer. Ebenso werden andere Gedanken des christlichen Glaubens, wie z.B. die Trinitätslehre, aus der Sicht einer feministischen New-Age-Philosophie zensiert oder radikal verneint; sie entsprechen nicht dem Bio-Code.
Mit diesem Materialismus ergeben sich auch die Leugnung der Sünde und ein gewisser Totalitarismus. Die Ethik, die aus den

Ausführungen von Jutta Voss folgt, fragt nicht nach Gut und Böse – das wäre ja dualistisch –, sondern nach den Gesetzen der Materie, nach den Energiefeldern. Wenn das Schwingen in den Gesetzen der Materie nicht mehr nur Sache des/der einzelnen ist, sondern eine politische Notwendigkeit wird, dann entsteht allerdings die Horrorvision einer materialistischen Frauenherrschaft, wo Einzelmenschen nicht mehr als Person gewertet werden. Das aber wäre das Ende einer Theologie, die sich um die Gemeinschaft von Frauen und Männern bemüht.

Exkurs: Maria in der feministischen Theologie

Nicht erst mit dem Marianischen Jahr 1987/88 und der Enzyklika ,Redemptoris Mater' von Johannes Paul II. ist die Gestalt Marias wieder stärker in das Interesse nicht nur der katholischen, sondern auch der evangelischen Kirchen gerückt. Seit Beginn der 80er Jahre widmen sich viele Aufsätze und Symposien der Frage, welche Bedeutung Maria für den heutigen Menschen hat. Auf katholischer Seite hat in letzter Zeit z. B. u. a. Johannes Thiele[140] versucht, die katholische Mariologie und Marienverehrung mit allen historischen Licht- und Schattenseiten aufzuarbeiten und mit Hilfe der Tiefen- und Religionspsychologie für die Gegenwart wiederzugewinnen.

In der evangelischen Literatur sind neben älteren positiven Äußerungen zu Maria, wie sie etwa von Wilhelm Stählin,[141] Hans Asmussen[142] und Reintraud Schimmelpfennig[143] bekannt sind, viele Stimmen laut geworden, die das Anliegen der Mariologie – wenn auch oft mit einigen Vorbehalten – für evangelische Christen verständlich und annehmbar zu machen suchen. Vielfach hat auf beiden Seiten ein ökumenisches Nachdenken über Maria ein-

---

[140] Johannes Thiele, Madonna mia. Maria und die Männer, Stuttgart 1990.
[141] Wilhelm Stählin, Maria, Mutter des Herrn in biblischer Sicht, 1951.
[142] H. Asmussen, Maria. Die Mutter Gottes, 1950.
[143] Reintraud Schimmelpfennig, Die Geschichte der Marienverehrung im deutschen Protestantismus, Paderborn 1952.

gesetzt.[144] Wie die Titel und die Autoren und Autorinnen dieser Beiträge teilweise zeigen, schwingt öfter in den Darstellungen auch die feministische Theologie schon mit. Darum stellt sich die Frage: Welche Stellung nimmt Maria in der feministischen Theologie ein? Zunächst kann festgestellt werden, daß die Einstellung der feministischen AutorInnen zu Maria und zur Mariologie weitgehend ein Spiegelbild der feministischen Theologie überhaupt ist.
Es lassen sich vier Gedankenkreise ausmachen:

1. Maria – Schwester im Glauben
Die biblisch-exegetisch orientierte feministische Theologie sieht Maria vor allem als unsere Schwester im Glauben – für die/den einzelne(n) oder auch für die gesamte Kirche. Es sind vor allem die Erzählungen aus den beiden ersten Kapiteln des Lukasevangeliums, die hier die Leitgedanken abgeben: Maria gibt dem Engel, der ihr die Geburt ihres Sohnes ankündigt, ihre Zusage: „Fiat", „mir geschehe, wie du gesagt hast" (Lk 1,38). Dieses „fiat" Marias ist nicht bloß passives Gehorchen, sondern es ist aktives, kreatives Empfangen von Gottes Wort. Gott macht seinen Heilsplan von der Zustimmung eines Menschen abhängig. Wie Maria, so sind Frauen und auch Männer berufen zur aktiven, kreativen Teilnahme an Gottes Werk.
Von dem „fiat" Marias müssen wir weitergehen zu ihrem „magnificat", ihrem Lobgesang (Lk 1,46ff), in dem sie eine großartige, geistgewirkte prophetische Vision entwickelt. In der Nachfolge Marias müssen Frauen pendeln zwischen „fiat" und „magnificat", zwischen der Bereitschaft zu offenem kreativen Aufnehmen und der kritischen Prophetie. Nur so kann verhindert werden, daß entweder die Bereitschaft zum Hören und zum Dienst oder der

---

[144] S. Elisabeth Moltmann-Wendel, Hans Küng, Jürgen Moltmann (Hg.), Was geht uns Maria an?, Gütersloh 1988, GTB 497, mit Beiträgen von katholischen, evangelischen, orthodoxen und jüdischen Autoren, eine Neubearbeitung von Concilium, Heft 10, Oktober 1983, 19. Jg. (im folgenden zitiert: Küng – Moltmann, Was geht uns Maria an?). Walter Schöpsdau (Hg.), Mariologie und Feminismus, Göttingen 1985, Bensheimer Hefte 64. Elisabeth Gössmann – Dieter Bauer, Maria für alle Frauen oder über allen Frauen?, Freiburg 1989.

feministische Protest für Frauen zur geschlossenen Ideologie werden.[145]

Maria, Schwester im Glauben, nicht über allen Frauen, sondern mit ihnen zusammen – diese Grundhaltung macht es möglich, nun auch die Jungfräulichkeit und die Mutterschaft Marias für die Frauen neu zu deuten: Maria, die Jungfrau – dies bedeutet kein unerreichbares, biologisches, sexuell eingefärbtes Vorbild für Frauen, sondern es bedeutet die Autonomie einer reifen, in sich ruhenden Persönlichkeit, die aus ihrer Unabhängigkeit „ja", „fiat" zu Gottes Willen sagen kann. Jungfräulichkeit ist nicht Ent-Haltung, sondern Haltung, nämlich unabhängiges Offensein für Gott. Maria, die Jungfrau, befreit die Frauen davon, nur ein abgeleitetes Leben zu führen als „Tochter von...", „Frau von...", „Mutter von..."

Auf diesem Hintergrund gereifter weiblicher Autonomie wird dann auch das Muttersein Marias sinnvoll für Frauen, die nach sich selbst suchen. Maria, die Mutter, die Frau, die selbst ein Kind zur Welt gebracht hat, die es erleben mußte, wie dieser Sohn sich von ihr absetzte, einen unverständlichen Weg ging und schließlich starb, ist Hoffnung und Trost für die gekrümmten Frauen (siehe Lk 13,10-17), für die, welche stumm unter ihrem Muttersein leiden.[146] So können Aussagen des Neuen Testaments und die mariologischen Dogmen zu Bildern christlichen Lebens und christlicher Hoffnung werden. Maria ist so – auch im Verständnis der feministischen Theologie – Inbild des neuen Gottesvolkes, der Kirche. Sie ist die wahre „Tochter Zion", das messianische Israel.[147]

2. Maria – Symbol der Befreiung

Die feministische Theologie zeigt – wie oben gesagt wurde – viel Verwandtschaft mit der Befreiungstheologie oder ist eine Spielart

---

[145] Catharina J. M. Halkes, Maria – inspirierendes oder abschreckendes Vorbild für Frauen? in: Hans Küng/Elisabeth Moltmann-Wendel, Was geht uns Maria an? S. 113 ff, S. 124.
[146] Herlinde Pissarek – Hudelist, Maria – Schwester oder Mutter im Glauben? in: Elisabeth Gössmann/Dieter Bauer, Maria für alle Frauen oder über alle Frauen?, S. 146 ff, S. 147.
[147] Halkes, aaO., S. 120.

von ihr. Dementsprechend wird auch Maria, besonders in ihrem Lobgesang (Lk 1,46 ff) als Ausdruck dafür verstanden, daß sich mit dem Evangelium die ungerechten sozialen Verhältnisse, zu denen auch das Patriarchat gehört, radikal ändern. Maria strahlt mit ihrem subversiven Lied Hoffnung aus, nicht nur für den/die einzelne(n), sondern auch für die Gemeinschaft, besonders für diejenigen, die am Rand der Gesellschaft stehen. Gott setzt durch Maria eine befreiende Revolution in Gang, und gleichzeitig verkörpert und personifiziert Maria „das unterdrückte und unterworfene Volk, das durch Gottes erlösende Kraft befreit und erhöht wird. Sie ist in ihrer Person die Demütigen, die erhoben worden sind, und die Hungrigen, die mit Gütern gefüllt worden sind."[148] Diese Art von „Befreiungsmariologie" gewinnt politische Dimensionen; sie setzt den Willen zur Befreiung aus Unterdrückung frei. Beispiele hierfür sind die Bedeutung der Tschenstochauer Madonna in Polen oder noch deutlicher die Madonna von Guadelupe in Mexiko. Sie erschien 1531 – nach der spanischen Eroberung – in einer Situation politischer, wirtschaftlicher und religiöser Depression für die Indianer vor einem armen Jungen namens Juan Diego und bat um die Errichtung eines Tempels. Nur nach langem Bedenken erkannte die katholische Kirche die bei den Indianern einsetzende Verehrung der Maria von Guadelupe an. Für die unterdrückten Indianer bedeutete sie die Wiederkehr der indianischen Himmelskönigin, aber nun in Verbindung mit dem christlichen Gottesbild. Die Erscheinung und ihre Verehrung beinhaltete Befreiung von äußerer und innerer Unterdrückung, besonders für die von den Spaniern vielfach mißbrauchten Frauen.[149]

3. Maria – ein uraltes weibliches Symbol
Auch die religionsgeschichtlich-tiefenpsychologische Richtung der feministischen Theologie spiegelt sich in der Einstellung zu Maria wider: Maria, die Jungfrau, Mutter, die unbefleckt Empfan-

---

[148] Rosemary Radford-Ruether, Sexismus und die Rede von Gott, Gütersloh 1985, S. 188.
[149] Virgil Elizondo, Maria und die Armen, in: Küng – Moltmann, Was geht uns Maria an? S. 131 ff.

gene, die Himmelskönigin, wird hier zum Symbol, zur Trägerin uralter Menschheitsträume und Sehnsüchte nach der „Seinsmächtigkeit des weiblichen Lebensprinzips und der Beteiligung des männlichen Prinzips" daran.[150]
Nach Eugen Drewermann[151] tragen solche uralten, schon immer geglaubten Vorstellungen den Anspruch göttlicher Wahrheit in sich. Die Mariendogmen von der Jungfrau, Gottesmutter, unbefleckten Empfängnis und der Aufnahme Marias in den Himmel existierten mithin schon Jahrtausende vor dem Christentum.[152] Diese uralten Wahrheiten sind in der biblischen Überlieferung und in der Entwicklung der christlichen Dogmen oft nur noch verstümmelt vorhanden. Maria, das allgemein gültige Symbol, wurde historisiert und individualisiert, also auf eine konkret existierende Frau bezogen. Die Aussagen über Maria sollen nur auf Christus hinweisen. Darum versucht eine bestimmte Richtung der feministischen Theologie, die von Christa Mulack, Maria Kassel, Elga Sorge vertreten wird, den religionspsychologischen Hintergrund der Mariendogmen deutlich zu machen. Maria soll sichtbar werden als unabhängiges, Leben spendendes weibliches Prinzip nach allen Verformungen durch die kirchliche Lehrentwicklung.
Den radikalsten Versuch unternimmt hier Mary Daly[153]: Vom „Würgegriff des christlichen Patriarchats" befreit, kann Maria, wenn auch nur teilweise und verschwommen, eine Botschaft „vom Werden der Frau" vermitteln. Die Unbefleckte Empfängnis Marias ist z.B. die Befreiung von der Vorstellung, die Frau müsse durch einen Mann erlöst werden. Die Aufnahme Marias in den Himmel bedeutet die fast prophetische, symbolische Erhöhung der Frau. Befreit von der Christolatrie, also der Beziehung auf Christus, wird Maria zum „freien Symbol" („free wheeling symbol"). „Man kann in ihm die Auswirkung der Macht und des Ein-

---

[150] Kassel, aaO., S. 147.
[151] Eugen Drewermann, Die Frage nach Maria im religionswissenschaftlichen Horizont, in: Zeitschrift für Missions- und Religionswissenschaft, 66. Jg., Münster 1963, S. 96–117.
[152] Mulack, aaO., S. 23.
[153] Mary Daly, Jenseits von Gottvater, Sohn und Co., München ⁵1988, S. 100ff, siehe auch zum folgenden.

flusses des Muttergöttinnensymbols erkennen, welches das Christentum nie ganz auslöschen konnte."[154] In ihrem nächsten Werk „Gyn/Ökologie"[155] sieht Mary Daly jedoch die Unmöglichkeit einer solchen Trennung zwischen christlichem Gedankengut und dem Symbol Marias als Großer Göttin ein. Letzten Endes symbolisiert Maria nur noch die Vergewaltigung der Göttin und die Niederlage des Matriarchats.

Auch Elga Sorge[156] löst Maria völlig von ihrer Verbindung zu biblisch-christlichem Gedankengut ab, wenn sie sie in dem bereits oben erwähnten Gedicht als heilige Mutter „Mater-ia" anspricht, als die Eine mit vielen Namen.

Im Gegensatz dazu bemüht sich Catharina Halkes in Anlehnung an Drewermann darum, die religions- und tiefenpsychologische Deutung Marias – nach einer ausführlichen Kritik an der bisherigen mariologischen Theologie und Praxis – in das christliche Denken einzubringen. Für sie gehören die sich auch in der Mariologie aussprechenden immer wiederkehrenden religiösen Sehnsüchte zu Gottes guter Schöpfung.[157] Wenn die Mutter Gottes als Ursprung allen Lebens religionshistorisch eine der ältesten Anschauungen ist, dann sollte sich die Kirche in ihren Aussagen über Maria offen dazu bekennen. Stattdessen wurden „heidnische Elemente" in die Mariologie aufgenommen, aber es wurde keine adäquate Theologie dazu entwickelt – eine Theologie, die die weibliche Körperlichkeit, die Sexualität, die Emotionalität, die Eigenständigkeit der Frau ernst nimmt. Deshalb hat die Kritik des Protestantismus an der katholischen Marienlehre und -verehrung als teilweise heidnisch ein relatives Recht.

4. Maria gegen die Frauen

Nicht nur Mary Daly oder Christa Mulack, sondern auch einige katholische Autorinnen wie C. Halkes oder H. Pissarek-Hudelist

---

[154] Daly, aaO., S. 106.
[155] Mary Daly, Gyn/Ökologie. Eine Metaethik des radikalen Feminismus, München 1980, S. 187.
[156] Elga Sorge, Religion und Frau. Weibliche Spiritualität, S. 91, s. oben S. 100.
[157] Halkes, aaO., S. 127.

üben harte Kritik an der herkömmlichen Mariologie und der marianischen Frömmigkeit und ihrer Auslegung durch die katholische Kirche: Maria, die Gottesmutter und reine Jungfrau, wird zum Instrument der Kirche, um Frauen auf ihren untergeordneten Platz zu verweisen oder sie – im Gegensatz zu der unerreichbaren Reinheit der Jungfrau – als sündig und unrein erscheinen zu lassen. Die seit dem 2. nachchristlichen Jahrhundert übliche Entgegensetzung von Eva, die durch ihren Ungehorsam die Sünde und den Tod über die Menschheit brachte, und Maria, die als reine, gehorsame Magd Christus, den Retter gebar[158], kann trotz der darin enthaltenen heilsgeschichtlichen Logik und trotz der guten Absicht, auch Frauen am Heilswerk zu beteiligen, zu einer Stellung Marias gegen die Frauen führen. In der frühen Neuzeit ist es möglich, daß innige Verehrung Marias Hand in Hand geht mit der Benachteiligung oder gar Unterdrückung und Verfolgung von Frauen. Das Wesen der Frau wird gespalten in die erhabene Reinheit der jungfräulichen Mutter, die zu einem blassen, lebensfernen Bild wird, und in die reale Frau, die als schwach und sündig gilt.

Wolfgang Beinert will in seiner Wertung der verschiedenen Mariendeutungen innerhalb der feministischen Theologie[159] der befreiungstheologischen Deutung Marias und vor allem dem Verständnis Marias als Inbild des Glaubens den Vorrang geben. Die religionspsychologische Interpretation Marias als Muttergöttin im Christentum sowie das Verständnis der Mariologie als Ausdruck des kirchlichen Antifeminismus (wie es vor allem Mary Daly vertritt), versteht Beinert als „Verzerrung und Perversion des christlichen Marienbildes"[160], die keinen Anhalt an der Bibel und an der Tradition haben. Dem ist m. E. weitgehend zuzustimmen. Dennoch sollte die Bedeutung Marias als altes Symbol nicht ganz außer Acht gelassen werden. Auch der evangelische Systematiker Wolfhart Pannenberg[161] stellt

---

[158] Irenäus, Adv. haer. III, 22,4; (PG 7, 960 V. 19,1; 7,1175).
[159] Wolfgang Beinert, Maria in der feministischen Theologie. Kleine Schriften des Internationalen Mariologischen Arbeitskreises, Kevelaer 1988, S. 28.
[160] Ebd.
[161] Wolfhart Pannenberg, Grundzüge der Christologie, Gütersloh, ²1966, S. 140–150.

fest, daß die Lehre von Maria – anders als die Aussagen von Christus – mehr ins Reich der Symbole gehört. Geht es in der Christologie darum, die Bedeutung eines historischen Geschehens zu entfalten, so wird Maria eher zum Symbol des neuen, die Offenbarung Gottes empfangenden Menschen.

So ist es mehr die Frage, wie wir mit dem „Symbol" Maria umgehen, wie es besetzt und gedeutet wird. Maria, das Symbol des neuen, in Christus lebenden Menschen, ist zwar nicht das von allem christlichen Hintergrund losgelöste „free wheeling symbol", die unabhängige Göttin, wie Mary Daly, Maria Kassel, Elga Sorge und auch Christa Mulack es wollen, aber sie ermutigt Frauen zum mündigen, selbständigen Christsein, bei dem Selbstfindung und Bindung an andere zusammengehören.

Maria, die Frau, mahnt darüber hinaus die Kirchen und die Theologie, in ihr Denken weibliche Erfahrungen und weibliche Emotionalität aufzunehmen. Dabei kann sich die Kirche getrost religions- und tiefenpsychologischen Einsichten öffnen. Eine solche tiefenpsychologisch orientierte Mariologie darf sich allerdings nicht nur an den jeweiligen religiösen Bedürfnissen ausrichten, sondern muß sich immer wieder kritisch an dem Maßstab des Evangeliums Christi messen lassen.[162]

EXKURS: LESBISCHE BEZIEHUNGEN ALS PROBLEM FEMINISTISCHER THEOLOGIE

„Eine Lesbe ist eine Lesbe ist eine Lesbe..."[163]
Daß Frauen nur Frauen lieben und sich öffentlich dazu bekennen (sogenanntes „coming-out") – dies ist ein wichtiger Diskussionspunkt in der neuen Frauenbewegung.[164] Obwohl lesbische Bezie-

---

[162] S. G. Maron, Die Protestanten und Maria, in: Moltmann-Wendel/Küng/Moltmann, Was geht uns Maria an?, S. 70. Jürgen Moltmann, Gibt es eine ökumenische Mariologie?, ebd. S. 18f.
[163] In Anlehnung an Gertrude Steins Wortspiel „a rose is a rose is a rose".
[164] Vgl. dazu den Band „Lesben – nirgendwo und überall", beiträge zur feministischen theorie und praxis 25/26, 12. Jahrgang, Köln: Eigenverlag des Vereins Beiträge zur feministischen Theorie und Praxis e.V., 1989. Eine spezifisch lesbisch orientierte feministische Theologie versucht Carter Heyward, Und sie rührte sein Kleid an. Eine feministische Theologie der Beziehung. Mit einer Einleitung von Dorothee Sölle, Stuttgart 1986.

hungen immer noch eher ein gesellschaftliches Tabu sind, melden sich Feministinnen mehr und mehr zu Wort, auch kirchlich engagierte Frauen brechen ihr Schweigen: „Hättest Du gedacht, daß wir so viele sind?" lautet der Titel eines Buches über lesbische Frauen in der Kirche.[165]
Das Tabu gleichgeschlechtlicher Beziehungen wird allmählich gebrochen, die Erkenntnisse der Humanwissenschaften darüber fordern zu neuem Nachdenken über eine theologische Beurteilung von Homosexualität und lesbischen Beziehungen heraus. Kirchenamtliche Verlautbarungen sind (noch) zurückhaltend[166], aber als Konsequenz aus der Erkenntnis, daß gleichgeschlechtliche Liebe weder Sünde noch Krankheit sei, kann der evangelische Theologe Hans Frör feststellen: „Gottes Schöpfung ist reichhaltiger und unterschiedlicher als wir bisher angenommen haben. Gott hat uns Menschen geschaffen mit der Gabe, einander zu lieben, mit unserer erotischen und sexuellen Prägung, und hat uns geschaffen als Männer und Frauen, als Heterosexuelle und Homosexuelle. Beide Prägungen sind Varianten derselben Schöpfung Gottes".[167] Frör geht hier von einer Gleichstellung lesbischer Frauen mit homosexuellen Männern aus; erst die neue Frauenbewegung hat auf die notwendige Differenzierung aufmerksam gemacht und lesbische Liebe als Ausdruck von selbstbestimmter Sexualität und einer rein weiblich orientierten Lebensform verstanden.
Dies blieb natürlich nicht ohne Gegenreaktion; besonders die Auseinandersetzung um die biblische Ablehnung von Homosexualität (Lev 18,22 und 20,13) bzw. von lesbischer Liebe (Röm 1,26f) brachte neue Aspekte in die Diskussion, aber rief auch Ärgernis hervor. Die Neutestamentlerin Bernadette Brooten, früher am Sonderforschungsprojekt „Frau und Christentum" am Institut

---

[165] Monika Barz, Herta Leistner, Ute Wild (Hg.), Hättest Du gedacht, daß wir so viele sind? Lesbische Frauen in der Kirche. Mit einem Vorwort von Marga Bührig und Else Kähler, Stuttgart 1987.
[166] S. etwa: Orientierungshilfe der VELKD, Gedanken und Maßstäbe zum Dienst von Homophilen in der Kirche. (Texte aus der VELKD 11/1980), zu beziehen bei: Lutherisches Kirchenamt, Postfach 510409, 3 Hannover 51.)
[167] Hans Frör, Homosexualität und Norm. Auf der Suche nach ethischer Orientierung, Theologia Practica, 17. Jg., Heft 3-4/1982, S. 102.

für ökumenische Forschung der Universität Tübingen, versuchte, die paulinischen Aussagen zum Thema (Röm 1,26f und 1 Kor 11,12-16) in den Kontext antiker (männlicher) Texte zur lesbischen Liebe zu stellen. Sie kommt in Bezug auf Paulus zum Ergebnis, daß er „auf Grund seiner unmittelbaren Naherwartung und seines Verständnisses von Christus als dem Haupt von Mann und Frau zwar den Frauen erlauben konnte, sich ausschließlich Christus zu widmen und dadurch einem männlichen Oberhaupt in Form eines Ehegatten zu entgehen. Er wollte aber nicht hinnehmen, daß Frauen sich durch erotische Erfahrungen ihrer eigenen Kraft in einer Weise bewußt wurden, die die Stufenordnung von Gott – Christus – Mann – Frau in Frage stellen mußte."[168]
Ihr Schlußfazit lautet: „Wo immer Menschen darunter leiden, daß sie durch eine ihnen aufgezwungene Polarität und Rangordnung als Frauen und Männer definiert werden, da muß man sich auch mit der christlichen Verwerfung lesbischer Existenz und männlicher Homosexualität auseinandersetzen, für die Paulus eine primäre Quelle ist."[169]
Hier ergibt sich die Frage nach den theologischen Prämissen: Läßt sich gleichgeschlechtliche Liebe als Teil der Schöpfungswirklichkeit einfach so akzeptieren und Heterosexualität danach als „aufgezwungen" verstehen, oder ist es nicht ein klarer Verstoß gegen die Schöpfungsordnung, wenn die Heterosexualität zugunsten der weiblichen „Selbstfindung" in einer lesbischen Beziehung abgewertet wird?
Die Beschäftigung mit dem Phänomen „Lesbische Frauen in der Kirche" führt feministische Frauenforscherinnen auch dazu, daß sie nach den historischen Wurzeln suchen: Dies ist wohl echtes Neuland – so, wenn Monika Barz, Herta Leistner und Ute Wild entdecken: „Meine Schwester, meine Braut, kostbarer ist mir deine Liebe als die Liebe der Männer. Die Suche nach frauenliebenden

---

[168] Bernadette J. Brooten, Darum lieferte Gott sie entehrenden Leidenschaften aus. Die weibliche Homoerotik bei Paulus, in: Monika Barz, Herta Leistner, Ute Wild, Hättest du gedacht, daß wir so viele sind? Lesbische Frauen in der Kirche, Stuttgart 1987, S. 113-138, hier S. 134.
[169] AaO., S. 138.

Vorschwestern in unserer christlichen Frauengeschichte."[170] Obwohl ihr methodisches Vorgehen kritisiert werden kann[171], schlagen sie doch ein vergessenes Blatt der Kirchengeschichte auf ... Beim Durchgang durch die zwei Jahrtausende des Christentums sehen sie eine große Bandbreite der Beurteilung von Homosexualität bzw. lesbischen Beziehungen. Das Klischee „ideale Urzeit – Verfallszeit – schlimme Gegenwart" wird dadurch in Frage gestellt. Es gab etwa im Mittelalter „geistliche Freundschaft" (amicitia spiritualis) auch als eine Möglichkeit, gleichgeschlechtliche Beziehungen zu leben, sowohl für Männer wie für Frauen. Dabei war die Grenze zwischen seelischer und körperlicher Liebe fließend.

Da die Beurteilung gleichgeschlechtlicher Beziehungen stets auch vom gesellschaftlichen Umfeld mitbestimmt ist und hier sich die Strukturen der Familie stark geändert haben in Europa (s. o.), da andererseits uns die Bibel als Wort Gottes in ihrem Gesamtzusammenhang wie auch in ihrer Wirkungsgeschichte wichtig ist und nicht als oberflächliches Rezeptbuch verstanden werden darf – so fällt es uns noch schwer, zum Problem der lesbischen Beziehungen ein endgültiges Urteil zu fällen.

Die Frauenbewegung und darin die feministische Theologie haben uns zumindest darauf hingewiesen, wieviel heimliches Unrecht und verschwiegene Gewalt gegen Frauen in der Ehe wie auch gegen lesbisch lebende Frauen geschieht.

---

[170] AaO., S. 139-205.
[171] Z. B. wäre zu fragen, ob die zitierten mittelalterlichen Liebesgedichte tatsächlich gelebte Wirklichkeit schildern und nicht vielmehr auch rhetorische Figuren sein können; vgl. dazu Dieter Schaller, Erotische und sexuelle Thematik in Musterbriefsammlungen des 12. Jahrhunderts, in: Fälschungen im Mittelalter, Internationaler Kongreß der Monumenta Germaniae Historica, München, 16.-29. 9. 1986, Teil V, Fingierte Briefe... Hannover 1988, S. 63-77.

IV. Die feministische Theologie im Licht der christlichen Tradition

1. Susanne Heine: Kritische Aufnahme und Verarbeitung

Als eine der seltenen Frauen auf einem ordentlichen theologischen Lehrstuhl (früher Wien, jetzt Zürich) unternimmt Susanne Heine in ihren beiden Büchern „Frauen der frühen Christenheit"[1] und „Wiederbelebung der Göttinnen?"[2] den inzwischen nicht unumstrittenen, aber doch wegweisenden Versuch einer Unterscheidung der Geister in der feministischen Theologie, allerdings hauptsächlich aus evangelischer Sicht.
So kritisiert sie die Methoden feministischer Theologinnen, ja spricht (im Falle von Mary Daly) sogar von „Methodenmord". Die historische Frauenforschung, genauer die Erforschung der Frauen im Neuen Testament und in der frühen Kirche, wie auch der Komplex der Matriarchatsforschung sind ihr Anlaß, die Forscherinnen zu mehr Genauigkeit und mehr Klarheit über die eigenen Interessen aufzurufen. Dabei geht sie mit einem Grundanliegen des Feminismus nach Sichtbarmachen der „verschwundenen" Frauen durchaus konform. Vielfältig und genau untersucht sie die neutestamentlichen Texte wie auch benachbarte Schriften der Gnosis u. ä. und bemüht sich, nicht mehr hineinzulesen, als da steht. Da sie der Überzeugung ist, kein Mensch verstehe einen Text „an sich", also ohne ein vorgegebenes (erkenntnisleitendes) Interesse, ist sie auch gegen ihr eigenes, feministisches Interesse kritisch und weist immer wieder auf die Fremdartigkeit vergangener Texte hin, die sich eben nicht so leicht für unsere derzeitigen (feministischen) Interessen vereinnahmen lassen, sondern die wir auch als Frauen

---

[1] Zur historischen Kritik einer feministischen Theologie, Göttingen 1986, 194 S.
[2] Zur systematischen Kritik einer feministischen Theologie, Göttingen 1987, 201 S.

in ihrer Vielfalt und oft Ärgerlichkeit akzeptieren müssen. Dabei kritisiert sie z. B. Elisabeth Moltmann-Wendel, die vom „zärtlichen Jesus" spricht und seinen Beziehungen zu Frauen: „Daraus, daß Maria Magdalena zum engsten Anhängerkreis Jesu gehört hat, ergibt sich noch lange kein ‚Sexualverkehr'"[3], hier zeige sich eher das „Gegenwartsinteresse – Liebe ohne Sexualität scheint Menschen unserer Tage schwer vorstellbar. Die Verknüpfung mit den biblischen Texten bleibt assoziative Phantasie... Durch solche Vorgangsweisen wird (der Text) völlig unreflektiert zur Legitimierung eigener Interessen mißbraucht."[4]

Wer sich mit der Diskussion um das Matriarchat befaßt, findet bei Susanne Heine eine eingehende Kritik an den Positionen von Gerda Weiler, Heide Göttner-Abendroth u. a.[5] Obwohl Susanne Heine den frauenidentifizierten Ansatz teilt, wirft sie den Matriarchatsforscherinnen einen methodischen Zirkelschluß vor: „Indem sie (Heide Göttner-Abendroth) ihr feministisches Interesse bereits als verifizierte Hypothese ausgibt, muß dieses Interesse als etwas objektiv Erwiesenes erscheinen."[6] Dabei weist Susanne Heine darauf hin, daß bei vielen feministischen Autorinnen nicht ein sorgsames Quellenstudium in den Originalsprachen das Material hervorbringt, sondern meist Sekundär-, ja sogar Tertiärliteratur benutzt wird. Zudem vermischen feministische Matriarchatsforscherinnen oft die Inhaltsebene mit der Beziehungsebene. Dies bringt Susanne Heine auf die einprägsame Formel (die leider für viele Bücher und Aufsätze feministischer Autorinnen gilt): „Wenn du mich liebst, mußt du mir zustimmen, wenn du, Frau, mir solidarisch sein willst, mußt du meine feste Annahme teilen.."[7] Das angeblich gesicherte vorgeschichtliche Matriarchat ist nämlich oft eher Wunschvorstellung und Utopie als fundierte wissenschaftliche Kenntnis. Ähnliches gilt auch für die Mythen und damit verbunden die „Wiederbelebung der Göttinnen". Den Mythos sieht

---
[3] Frauen der frühen Christenheit, S. 63.
[4] AaO., S. 63.
[5] Es sei hier darauf hingewiesen, daß in der Reihe Unterscheidung ein Band über diesen Problemkreis geplant ist.
[6] Wiederbelebung der Göttinnen, S. 93.
[7] AaO., S. 94.

sie als eine „Fülle der Variationen von Allmöglichkeit", wo in den Geschlechterbeziehungen etwa alles Denkbare an Zuneigung und Unterdrückung, Liebe und Gewalt, von Männern wie genauso von Frauen, vorkommt. Sie sieht den Mythos (und auch den ihm korrespondierenden Ritus) als Ausdruck von Bewältigung menschlicher Grundprobleme wie Geburt, Eros und Tod. Dabei unterscheidet sie aber sehr genau zwischen dem Mythos einerseits und der konkreten gesellschaftlichen Wirklichkeit andererseits. Es gilt also gerade nicht: „Wie oben – so unten"! Hier wendet sich Susanne Heine mit Recht gegen eine kurzschlüssige lineare Abbildtheorie, wie sie gerade bei theologischen Feministinnen in puncto Mythos sehr beliebt ist. Deshalb kann sie konsequenterweise auch der Abneigung vieler Feministinnen gegen die männlichen Gottesbezeichnungen nicht zustimmen. „Gott der Vater" drückt eine Analogie aus, aber nicht eine Gleichung! An Kants Beispiel für Analogiebildung macht sie dies deutlich. Der despotische Staat ist analog zu einer Handmühle, deren Mechanik seelenlos durch die Kraft ihres Betreibers funktioniert. Susanne Heine folgert deshalb richtig: „Gott der Vater hat mit einem menschlichen Staat nicht mehr zu tun als ein Staat mit einer Handmühle, nämlich gar nichts, was einen Vergleich zuließe. Was in Analogie zueinander tritt, sind weder Gegenstände noch Personen, sondern das ... Funktionieren, ein Verhältnis zu einem anderen Verhältnis."[8] Dies gilt auch für Gott die Mutter! Alle die vielfältigen Gottesbezeichnungen sind stets nur Annäherungen und Versuche, Unaussprechliches in Worte zu fassen. Das Bilderverbot sollte dabei noch eine zusätzliche Hemmschwelle sein, leichtfertig den biblischen Gott in eine Unzahl weiblicher Bilder zu pressen, meint Susanne Heine zu Recht. Da sie so genau zwischen Gott und Mensch unterscheidet, ist auch die „Wiederbelebung der Göttinnen" für sie kein Thema, das Frauen fördern oder religiös weiterhelfen könnte. Es führt ihrer Meinung nach nur zu einer Idealisierung der Frau und nicht zu einer realen Verbesserung der Lebenschancen von Frauen: „Feuerbachs Gott-Mensch hat versagt, nun soll Göttin-Mensch sehen, was sie ausrichtet!"[9]

[8] AaO., S. 45.
[9] AaO., S. 168.

2. Methodenkritik

Da bei feministischen Theologinnen oft der Schwung der Begeisterung größer ist als die Genauigkeit und Geduld, alte Texte zu verstehen, kommt es gelegentlich zu oberflächlichen Schnellschlüssen. Natürlich erfordert es viel Kleinarbeit und Mühe, die Texte fremder Frauen einer vergangenen Kulturepoche zu entschlüsseln, noch dazu oft in einer fremden Sprache. Das feministische Vorverständnis („Frau versteht Frau") suggeriert dabei ein vorschnelles Verständnis und erleichtert die Projektion eigener Interessen auf die historische Person. Eine frühchristliche Asketin wird dann eher als Frau verstanden, die aus der Familie ausreißt, um sich selbst zu finden (wie eine Frau des 20. Jh.), anstatt als eine, die hauptsächlich Gott finden will.[10]

Trotz der Kritik an der männlichen Wissenschaft findet sich auch die blinde Übernahme sekundärer (tertiärer?) Hinweise, ohne sich die Mühe eigener Quellenstudien zu machen. Oft sind diese Ungenauigkeiten erst auf den zweiten und dritten kritischen Blick hin zu erkennen, aber sie vermitteln doch im Zusammenhang einer feministisch-theologischen Darstellung den Eindruck, daß es sich hier um Belege handle, die von patriarchaler Hand ins Vergessen abgedrängt worden waren und jetzt erst mit revolutionärem Pathos für die Sache der Frauen ans Licht kämen;[11] es entsteht so eine Art Verzerrung der Wahrheit: Hildegunde Wöller zitiert als Beleg für die mythologische Herkunft der heiligen drei Könige eine „frühe syrische Chronik von Zuquin"[12]. Abgesehen davon,

---

[10] So z.B. Anne Jensen über die Asketin Thekla: „... die aus dem ihr vorgegebenen Rollenklischee aussteigt und einen eigenständigen Weg zu gehen versucht" (Thekla – vergessene Verkündigerin, in: Hg. Karin Walter, Zwischen Ohnmacht und Befreiung. Biblische Frauengestalten, Freiburg 1988, S. 179).

[11] Wir möchten hier die Vermutung äußern, daß es Zeiten gab, in denen literarische und theologische Texte von Frauen mehr akzeptiert wurden als in der jüngsten Zeit (d.h. der Zeit nach dem 2. Weltkrieg): so die Tatsache, daß im Evangelischen Kirchengesang für Württemberg von 1912 mehr Lieder von Frauen stehen als in dem von 1953, daß Adolf von Harnack 1901 akribisch nachzuweisen suchte, der Hebräerbrief müsse von Aquila und seiner Frau Priska stammen (Zeitschrift f. d. neutestamentl. Wissenschaft 1900, Band 1, S. 16-41) u.ä.

[12] Hildegunde Wöller, Ein Traum von Christus, in der Seele geboren, im Geist erkannt, Stuttgart 1987, S. 46.

daß es „Zuqnin" heißt und der Text u. W. etwa aus dem 8. Jahrhundert stammt, zudem nur in lateinischer Übersetzung zugänglich ist, hat Geo Widengren glaubhaft nachgewiesen, daß dieser Text rein iranischer Herkunft ist und nicht mit den Magiern der Weihnachtsgeschichte so schnell in eins geworfen werden kann.[13] Interessant ist dabei, daß von nicht-theologischer feministischer Sicht schon mal Kritik aufkommen kann, daß unsere besprochenen Autorinnen Dinge sähen, die es gar nicht gäbe.[14] Positiv ist zu sehen, daß feministische Theologinnen es riskieren, den rein männlichen Blickwinkel auf Theologie und Kirche kritisch zu betrachten und ihrer eigenen weiblichen religiösen Erfahrung samt eigenständigem Denken etwas zuzutrauen, also, um in der Nachfolge des „Frauenfreundes" Paul Tillich zu sprechen, einen „Mut zum weiblichen Sein" zu entwickeln. Dabei wandern sie methodisch immer „auf der Grenze", zwischen der eigenen Erfahrung und den vorhandenen (mehr oder weniger männlich geprägten) Denkstrukturen und Begriffen.

3. Kritische Würdigung der tiefenpsychologischen Richtung

EXKURS: C. G. JUNG UND DIE FEMINISTISCHE THEOLOGIE

Da die Theorien des Schweizer Pfarrersohns Carl Gustav Jung stark mit Religion verbunden sind, lag es auf der Hand, daß feministische Theologinnen auch seine Werke und besonders seine Vorstellung von Weiblichkeit in ihre Arbeit einbezogen. Zudem ist sein Welt- und Menschenbild sehr unabhängig von den jeweiligen gesellschaftlichen und politischen Verhältnissen und suggeriert eine ewige Welt der Archetypen.[15] Verständlich, daß nach

---

[13] Geo Widengren, Die Religionen Irans, Stuttgart 1965, S. 210-214.
[14] So Erika Wisselinck in einem Vortrag zu feministischer Theologie im Frauenkulturhaus München im März 1990, vgl. den Bericht darüber im Materialdienst der Evang. Zentralstelle für Weltanschauungsfragen Nr. 5, 1990, S. 136-138.
[15] Die grobe Kenntnis seiner Gedanken sei hier vorausgesetzt; vgl. in der vorliegenden Reihe Unterscheidung: Reimar Keintzel, C. G. Jung, Retter der Religion, Auseinandersetzung mit Werk und Wirkung, Mainz/Stuttgart 1991.

dem von vielen als gescheitert empfundenen revolutionären Aufbruch der (frühen) siebziger Jahre Carl Gustav Jungs mythologische Seelenbilder eine erlösende Interpretation der wirren inneren wie äußeren Welt anzubieten schienen.

Auf weiblicher Seite löste Hanna Wolffs Buch „Jesus der Mann"[16] eine verstärkte Beschäftigung mit Carl Gustav Jung aus. Jesus wird darin als der Mann geschildert, der seine anima voll integriert habe und deshalb nicht so frauenfeindlich sei wie seine Umwelt. Allerdings entdeckten feministische Theologinnen bald, daß für eine Stärkung des weiblichen Selbstbewußtseins gerade bei Jung nicht viel zu holen war, im Gegenteil! Jungs latente Frauenverachtung kam so erst ans Licht:

„Das, was nicht Ich = männlich ist, ist darum höchst wahrscheinlich weiblich, weshalb das Animabild auch immer auf Frauen projiziert wird. Jedem Geschlecht wohnt das Gegengeschlecht bis zu einem gewissen Betrage inne, weil biologisch einzig die größere Anzahl von männlichen Genen den Ausschlag in der Wahl des Männlichen gibt. Die kleinere Anzahl an weiblichen Genen bildet einen weiblichen Charakter, der aber infolge seiner Unterlegenheit gewöhnlich unbewußt bleibt..."[17] Das Subjekt ist also stets der (überlegenere) Mann, die Frau bestenfalls das Andere, wenn nicht gar das Böse: „Die Anima tritt uns nicht mehr als hehre Göttin entgegen, sondern unter Umständen als unser allerpersönlichstes, blutiges Mißverständnis. Wenn z. B. ein alter, hochverdienter Gelehrter noch mit siebzig Jahren seine Familie stehen läßt und eine zwanzigjährige, rothaarige Schauspielerin heiratet, dann wissen wir, haben sich die Götter wieder ein Opfer geholt. Im Mittelalter wäre es noch ein Leichtes gewesen, diese junge Person als Hexe abzutun (sic!)."[18] Die naheliegende Frage, ob der „hochverdiente Gelehrte" wirklich so unschuldig und ahnungslos in die Fänge dieser Frau geriet, ja, wie sich dieser Fall gar für die Frau selbst dar-

---

[16] Hanna Wolff, Jesus der Mann. Die Gestalt Jesu in tiefenpsychologischer Sicht, Stuttgart ²1976.
[17] C. G. Jung, Über die Archetypen des kollektiven Unbewußten, in: Eranos-Jahrbuch 1934, Band II, Zürich 1935, S. 179-229.
[18] AaO., S. 212.

stellt (ob es sich z. B. um Vergewaltigung handelte) – diese Fragen stellen sich für Jung überhaupt nicht. Die feministische Theologin Elga Sorge[19] bemerkt mit Recht: „Jung lokalisiert das Böse in der Mutter, in der Frau, im Weiblichen, und reproduziert so das Vorurteil, Eva sei schuld an der Sünde in der Welt – diese mit nie ermüdender Penetranz wiederholte patriarchalische Rechtfertigungsfigur abendländischer Meisterdenker."[20] Nicht genug damit, von einer Frau, die Jung eine Nur-Tochter nennt, denkt er: „...die Leere (ist) ein großes weibliches Geheimnis. Sie ist das dem Manne Urfremde, das Hohle, das abgrundtief andere, das Yin. Die mitleiderregende Erbärmlichkeit dieser Nullität (ich rede hier als Mann) ist leider – möchte ich fast sagen – das machtvolle Mysterium der Unfaßbarkeit des Weiblichen." Fast möchte ich hier als Frau sagen, ob dies nicht das Problem seiner eigenen Erbärmlichkeit ist – aber es sei wieder Elga Sorge zitiert: „Sätze wie diese können nicht interpretiert werden, sie sind zu eindeutig und zu schrecklich. Es scheint mir jedenfalls angesichts solcher Äußerungen abwegig, den Frauenhaß Carl Gustav Jungs nur als unwichtige zeitgebundene Randerscheinung seiner Theorie zu sehen, wie viele Jungianerinnen und Jungianer dies tun; denn was bleibt übrig von einer lebenschaffenden Göttin-Anima, die als böse, elfische, grausame, weibliche Nullität und Nicht-Ich des Mannes erscheint?"[21] So scharf wie Elga Sorge sehen nicht alle feministischen Theologinnen den tiefenpsychologischen Ansatz Jungs; aber auch wenn sie seine Sicht einigermaßen übernehmen, kamen sie doch nicht umhin, als Feministinnen das Jungsche Weltbild zumindest zu modifizieren, wenn nicht gründlich umzugestalten.

Feministische Theologinnen (bzw. Ex-Theologinnen) haben versucht, wie wir sahen, hier auch Neues zu entwickeln; dabei ist es ihr Verdienst, auf die bislang oft verborgenen Schätze geistlichen Reichtums aufmerksam zu machen: die vielfältigen Symbole und

---

[19] Weiteres zu ihr s.o. S. 95 ff.
[20] Elga Sorge, Religion und Frau, Weibliche Spiritualität im Christentum, Stuttgart/Berlin/Köln/Mainz ⁵1988, S. 73.
[21] Elga Sorge, Religion und Frau, S. 74.

Rituale, die selbst noch in Liturgie und Gemeindefrömmigkeit reformierter Kirchen vorhanden sind und eben nicht nur ein Schattendasein im Licht männlicher Rationalität führen müssen: Denken wir etwa an den Bilderreichtum evangelischer Gemeindelieder, die tiefgehende Symbolik der Sakramente, die rituelle Fülle des Kirchenjahres, wo die unbewußten Inhalte zur Sprache bzw. zur Form gebracht werden könn(t)en und an den Formenreichtum der katholischen Spiritualität.

Andererseits tendieren die vorliegenden Entwürfe einer feministischen Theologie aus tiefenpsychologischer Sicht dahin, daß eine ganz andere, matriarchale Religiosität angestrebt wird, die konsequenterweise dann Christus in „das Selbst" (Hildegunde Wöller) auflöst und an Gott als lebendigem Gegenüber letztlich keinerlei Interesse mehr hat.

Zudem drohen bei diesem Ansatz die gesellschaftliche Wirklichkeit und die ethische Verantwortung zu verschwimmen; damit mag auch zusammenhängen, daß die Religionskritik Freudscher Prägung keine Rolle mehr spielt und nur die Jungianerinnen das Sagen haben. Diese Richtung ist wenig an geschichtlicher oder politischer Hoffnung interessiert – für Frauen, die sich lieber in die Jahreszeitenfeste der Großen Göttin rituell und seelisch versenken, spielt die nächste Kommunalwahl oder der Kampf um den geplanten Kindergarten keine große Rolle mehr.

Schließlich verläuft die Grenzlinie zwischen dieser Richtung feministischen Denkens und der christlichen Tradition klar bei dem, was letztere unaufgebbar mit Schuld und Vergebung meint, und wovon diese Autorinnen ganz und gar nichts wissen wollen: Ja, das christliche Zentralsymbol, das Kreuz, ist zum Lebensbaum der Göttin bzw. des weiblichen Selbst geworden, Frauen sind höchstens schuldig, sich zuwenig gewehrt zu haben, und Vergebung und Buße kommen nicht mehr vor...[22].

---

[22] Vgl. dazu Maria Kassel, Tod und Auferstehung, in: Maria Kassel (Hg.), Feministische Theologie. Perspektiven zur Orientierung, Stuttgart ²1988, S. 191–226, S. 208.

4. Feministische Gedanken als Anfragen an den christlichen Glauben

a. Gotteslehre

Feministische Theologinnen werfen der bisherigen „Männertheologie" kurzgefaßt vor, daß sie Gott auf männlich-dominante Bilder reduziere, also nur von Gott als dem erfolgreichen Kriegshelden, dem strafenden Richter und dem despotischen, Gehorsam heischenden König denken könne und Frauen damit auf das negative andere beschränke, ja, sie als menschliche Wesen bekämpfe (Mary Daly), die stets nur das andere, Sündigere und Minderwertige sein könnten (schlimmstes Beispiel: die Hexenverfolgung!) – „Ist Gott männlich, so ist der Mann göttlich" (Mary Daly) und folglich das Weibliche stets widergöttlich, zu beherrschen und einzugrenzen. Besonders im Hinblick auf den deutschen (landesherrlichen) Protestantismus legt sich dann schnell die Kurzformel für das Patriarchat nahe: „Gott im Himmel – der König auf Erden – der Pfarrer auf der Kanzel – der Ehemann zu Hause". Als Bild der männlichen Hierarchie scheint dies recht griffig, um die Domestizierung und Unterdrückung der Frauen zu erklären. Die Gefahr besteht gewiß, männliche Bilder der Bibel für Gott (König, Richter, Kriegsheld) als Mittel zum Zweck zu benützen, um Frauen kleinzuhalten. Auf diesen Zusammenhang aufmerksam gemacht zu haben, ist ein Verdienst feministischer Theologie. Dennoch ist diese feministische Kritik am christlich-jüdischen Gottesbild selbst genau und kritisch unter die Lupe zu nehmen: feministische Theologinnen stehen in der Gefahr, nicht von „innen" her die Bibel zu lesen, zu meditieren und zu reflektieren als Ausdruck eigener Gotteserfahrung, sondern „von außen", von der Sache der Frauen her. Die Gottesbilder der Bibel aber sind doch primär ein Niederschlag von religiöser (und auch politischer) Erfahrung: wieviel Befreiungserleben drückt dann das Bild des Richters oder sogar Kriegshelden aus, der gerade nicht die Frauen unterdrückt und vergewaltigt, sondern die Wehrlosen und Schwachen, etwa die oft erwähnten Witwen, gegen ihre Unterdrücker schützt und ihr Recht wiederherstellt, der gegen allen Augenschein die kleine Schar der Krieger und ihrer Familien (Frauen) im „Heiligen Krieg" in der Morgenfrühe vor dem übermächtigen Feind rettet – es wäre, wie oben bereits erwähnt, sicher interessant, die Klagepsalmen und Danklieder einmal als Ausdruck weiblichen Leidens wie der Hilfe durch den ach so patriarchalisch-bösen Gott zu lesen! Von daher könnte es durchaus ein Anliegen der Frauen sein, keinesfalls die kritisierten männlichen Gottesbilder aus der Liturgie zu streichen, wie es feministische Theologinnen immer wieder fordern.

Zudem hat Susanne Heine ausführlich darauf hingewiesen, wie wenig deckungsgleich ein bestimmtes männliches Gottesbild mit dem lebendigen Gott selbst ist – dieser Gedanke wäre noch auszuweiten: eigentlich ist es eine Unmöglichkeit, nach biblischem Verständnis, gewissermaßen an einem Gottesbild herumzuschneiden und sich ein anderes zu basteln, also zu meinen, wir könnten Gott in den Griff bekommen. Die einzig angemessene Haltung ist Gebet, Anbetung und das Zeugnis von Gott!

Dies schließt folglich auch aus, Gott als schiere Überhöhung des eigenen (weiblichen) Ichs zu definieren, wie es de facto die matriarchale Richtung feministischer Theologie gerne tut („Die Göttin – das bin ich", Elga Sorge, s. o.). Hier wäre an Ludwig Feuerbachs religionskritischen Satz zu erinnern: „Das Geheimnis der Inkarnation ist das Geheimnis der Liebe Gottes zum Menschen, das Geheimnis der Liebe Gottes aber das Geheimnis der Liebe des Menschen zu sich selbst."[23] Diese Kritik Feuerbachs am christlichen Glauben wird von manchen feministischen Autorinnen positiv, geradezu als Methode übernommen.

Selbst wenn feministische Theologie mit Recht die Fülle der Gottesbilder entdeckt hat, die in der biblischen Tradition eben auch sehr wohl weibliche Bilder umfaßt (s. o. Virginia Mollenkott u. a.), so bleibt doch die lebendige Beziehung zu Gott als einem persönlichen Gegenüber unbedingt festzuhalten. Die „männlichen" Bilder von Gott als dem Liebenden (z. B. Hos 11), die Tradition des

---

[23] Ludwig Feuerbach, Das Wesen des Christentums, Stuttgart 1980, S. 434.

Hohenliedes als Ausdruck von Gottes Liebe zur Seele im Bild von Bräutigam und Braut wären hier weiterzuverfolgen. Nicht die Suche nach Identifikationsfiguren ist für Frauen angesagt, sondern die praktische Entfaltung und spirituelle Auslegung des „männlichen" Bildes von Gott als liebendem Gegenüber (z. B. Hos 2,21). Dies heißt gerade nicht Unterdrückung des eigenen (weiblichen) Selbsts, sondern im Gegenteil die Entfaltung und Entwicklung (weiblicher) seelischer Kräfte (nicht nur bei Frauen sondern auch bei Männern) in der liebenden Beziehung zu Gott, der alle Definitionen und Bilder sprengt und übersteigt. Dabei ist das Bilderverbot gewissermaßen ein Stoplicht: alle Versuche, sich Gott in menschlichen Begriffen (weiblichen wie männlichen!) zu nähern, stoßen irgendwann an eine Grenze!

b. Christologie

In der Nachfolge der politischen Theologie teilt auch die feministische Theologie die Ansicht, von Jesus Christus eher als wahrem Mensch denn als wahrem Gott zu sprechen: Fast könnte man bei manchen Autorinnen den Schluß ziehen, Jesus sei der erste Feminist gewesen, zumindest ein sehr vorbildlicher Mann, was sein Verhalten gegenüber Frauen, ja sogar seine Lernfähigkeit durch Frauen (Christa Mulack) betrifft. Hieraus ergibt sich dann, wie schon öfter erwähnt, der Vorwurf des Antijudaismus gegen die feministische Theologie: Um die Person des Frauenfreundes Jesus besonders hell leuchten zu lassen, zeichnen feministische Theologinnen gerne ein recht schwarzes und frauenfeindliches Bild der jüdischen Umwelt Jesu, was beides nicht stimmt.

Läßt sich gewiß bei sorgfältiger Betrachtung der Evangelien aus feministischer Sicht manches Interessante und auch (fast) Neue erheben – etwa die Tatsache, daß nicht nur Petrus, sondern auch Martha in Jesus den Sohn Gottes, den Messias (Christus) bekennt (Mt 16,15 bzw. Joh 11,27) – und bleibt den Frauenforscherinnen noch manches zu tun, so gibt es u. E. doch zwei Punkte innerhalb einer feministischen Lehre von Jesus Christus, die notwendig zur Scheidung und Unterscheidung drängen:

Die Bedeutung des Kreuzes Jesu und der auferstandene, gegenwärtige Christus.

DAS KREUZ JESU

Das Wort vom Kreuz als Heilsereignis, mit all seinen Implikationen und Deutungsmustern, die im Laufe der Jahrhunderte daraus entwickelt wurden, stößt heute bei vielen Frauen (nicht nur feministisch-theologischen Autorinnen!) auf massiven Widerstand; für viele liegt hier die Schmerzgrenze des religiös Zumutbaren. Sie sehen in der Verkettung von Sündentheologie, Kreuz und Blut Jesu eine Verstärkung ihrer eigenen Unterdrückung, die sie als Frau sowieso erleben: „Ich bin die Minderwertige, ich muß mich stets opfern und alles ertragen"; als Glaubende hören sie dann das Wort vom Kreuz nur in der Form von Sätzen wie: „Du bist eine Sünderin und sogar am Tod Jesu schuldig...", wie es im Lied heißt: „Ich bins, ich sollte büßen..." Dieses Zusammenspiel bewirkt bei vielen Frauen eine Art von Überdruck, der zur Explosion neigt. Wenn sie sich ihrer eigenen Unterdrückung bewußt werden (und nicht mehr an die „Natur der Frau" glauben beim alltäglichen Waschen, Wischen und Kochen), so fordern sie konsequenterweise auch das Ende des Sünderinnenseins, folglich auch die Abschaffung der Kreuzestheologie, bzw. sie interpretieren das Kreuz Jesu nun als Lebensbaum[24] (wobei sie an manche Spuren in der kirchlichen Tradition anknüpfen können), oder sie ersetzen das erlösende Blut Jesu durch das „erlösende" Geburts- bzw. Menstruationsblut der Frau (vgl. Jutta Voß). So wichtig es für Frauen ist, die geistige und seelische Wirkungsgeschichte christlicher Zentralaussagen in den Blick zu bekommen (vgl. etwa oben das über die Mariologie Gesagte), so wichtig ist es auch, die Grenzlinie zu markieren, zwischen berechtigter Kritik und ihrem Mißbrauch zur Infragestellung christlicher Glaubensaussagen. Das Evangelium vom Kreuz Jesu, die Tatsache und unendlich wichtige Tatsache seines blutigen und gewalttätigen Todes erweist sich in der feminis-

---

[24] Vgl. Anm. S. 124, Anm. 22.

tischen Auseinandersetzung wieder einmal als echter Skandal (Galater 5,11), der Ärgernis auslöst, und von den Menschen (hier den Frauen) eher weginterpretiert wird, als daß sie sich ihm in seiner Grausamkeit wie in seiner existentiellen Bedeutung stellen.
Die Deutungsmuster des Kreuzestodes Jesu sind schon im Neuen Testament nicht nur ein einziges und eindeutiges Dogma, sondern Versuche, dieses einmalige Geschehen in seiner Tiefe zur Sprache zu bringen. Grausames menschliches Leiden, von Frauen wie von Männern, ist bis zur Stunde leider immer noch ungebrochene Realität; ob weibliches (natürliches) Leiden etwa beim Gebären da als weniger schrecklich angesehen werden kann und deshalb dem Blut der Frauen eher erlösende Kraft zukommt, scheint uns, die wir Geburten wie Fehl- und Totgeburten erlebt bzw. auch erlitten haben, nicht einleuchtend. (Was ist so „natürlich" und gut, wenn eine Frau, wie in anderen Zeiten oder in der dritten Welt, beim Gebären verblutet? Ist da der Hinweis auf das göttinnengleiche „Stirb und Werde" nicht recht zynisch?!)
Vielmehr ist wohl jenen Autorinnen zuzustimmen, die im Kreuz Jesu vorrangig das Mitleiden Gottes mit dem eigenen Leiden sehen. D.h. ich kann auch und gerade als (unterdrückte) Frau gar nicht so tief ins Leiden fallen, als daß nicht Gott im mitleidenden gekreuzigten Jesus bei mir wäre. Dieser Gedankengang darf allerdings nicht umgedreht werden, um das Leiden zu verherrlichen oder gar um Gewalt gegen Frauen zu legitimieren, denn nicht der gekreuzigte Jesus ist der Auslöser des Glaubens, sondern

DER AUFERSTANDENE, LEBENDIGE CHRISTUS

Hier möchte ich ein persönliches Beispiel erzählen: Bei einem Blutsturz in der 16. Schwangerschaftswoche wäre ich beinahe verblutet. Als ich durch die Initiative einer Nachbarin im Krankenhaus auf dem Operationstisch lag, mit ausgebreiteten Armen voller Nadeln, und blutend obendrein, fiel mein Blick auf das Kruzifix an der Wand: da wurde mir ganz klar, daß das Kreuz Jesu nur im Zusammenhang mit Ostern das Entscheidende und Letztgültige des Glaubens ist. Eigentlich sollte an dieser und anderen Wänden ein Osterbild hängen! Das Kreuz symbolisiert unsere stets mehr oder weniger grausame Realität, der Auferstandene dagegen gibt uns eine neue Lebensmöglichkeit. Hierbei spielt schon in den Evangelien die Geschlechterdifferenz keine Rolle mehr: wird vom geschichtlichen Jesus noch seine Beschneidung oder auch seine Barmizwa (Lk 2,11–52) erzählt, so ist dies für den Auferstandenen nicht mehr wesentlich; die Tatsache, daß Jesus Maria Magdalena mit den Worten „Rühr mich nicht an!" zurückweist, könnte ein Hinweis darauf sein (Joh 20,17).

Feministische Theologie pocht sehr auf die (weibliche) Erfahrung als Ausgangspunkt allen Denkens und Theologisierens. Dies stellt u. E. eine wichtige Weiterentwicklung innerhalb der Theologie dar, nachdem die dialektische Theologie eher als Kahlschlag gewirkt hatte. In dieser Hinsicht kann eine neue „Erfahrungstheologie" an vergessene oder verdrängte Strömungen aus dem 19. Jahrhundert[25] (Schleiermacher) anknüpfen.

Umso auffallender ist, daß bei fast allen beschriebenen Autorinnen die Möglichkeit ausgespart bleibt, den lebendigen auferstandenen Christus als Realität zu erfahren. Zwar weisen sie mit Recht darauf hin, daß Maria Magdalena die erste Zeugin der Auferstehung ist und noch einige Jahrhunderte später als apostola apostolorum bezeichnet wird, aber sie ziehen nicht die Konsequenz, daß Magdalenas Erfahrung: „Der Gekreuzigte lebt und ist bei Gott" auch eine Erfahrung für Frauen und Männer anderer Zeiten und Völker, also auch für uns, sein kann.

Dies ist ein blinder Fleck auf der Landkarte feministischer Theologie; von daher ist es logisch, daß auch die traditionelle Lehre von der Kirche ein feministisches Schattendasein fristet.

Kirche als Leib Christi ist immer schon vorgegeben und entsteht nicht aus dem Entschluß, eine „Nachfolgegemeinschaft der Gleichgestellten" zu bilden, um „fortzusetzen, was Jesus getan hat" (Elisabeth Schüssler Fiorenza). Da feministische Theologie, wie gezeigt, gar nicht mit der Identität des auferstandenen, lebendig erfahrbaren Christus mit dem historischen Jesus und seinen

---

[25] Vgl. dazu auch Josef Sudbrack, Mystik, Reihe Unterscheidung, Mainz/Stuttgart 1989.

Worten und Taten rechnet, ist folglich auch die gegenwärtige Bedeutung seiner (Einsetzungs)worte hinfällig. Deshalb ist für viele Autorinnen auch Wort und Sakrament (wie in reformatorischer Theologie als Kriterium für die Kirche, vgl. Confessio Augustana VII) nicht mehr zwingend der Ort der Gottes- und Christusbegegnung, also der Ort der Kirche. Von daher erklären sich auch die fast ausufernden neuen Rituale, Liturgien etc. in Frauengottesdiensten u. ä. Konsequent wird dabei die eigene, innerweltliche und frauenspezifische Erfahrungsebene als Kriterium genommen.

Demgegenüber halten wir Martin Luthers Maßstab für die Schriftauslegung „Was Christum treibet" auch für die Beurteilung neuer feministischer Religiosität in Theorie und Praxis angemessen. Also: nicht, „weil ich mich bei diesem Tanz so wohlgefühlt habe", auch nicht, „weil ich dabei meine Mitte gefunden habe", ist der Tanz einem gottesdienstlichen Geschehen adäquat, sondern weil ich mich von der Liebe und dem Reichtum Christi erfüllen und ergreifen lasse, kann ich meiner Freude an Gott und meiner Liebe zu den anderen Ausdruck geben, in Tanz, Lied, Bild oder was auch immer. Es ist sicher richtig, daß nicht nur die Verkündigung, sondern auch die gesamte Gestaltung eines Gottesdienstes, oder auch kreative Elemente wie Tanz, zu Trägern des Evangeliums werden können. Aber wir denken, es ist für alle, die Gottesdienste mitverantworten, äußerst wichtig, hier klar zu unterscheiden und sich das eigene Tun bewußt zu machen.

Der sich nahelegende Trend zum schlichten Konservatismus (also Abwehr jedes meditativen Tanzes, jeder Frauenbildbetrachtung usw. und rigides Pochen auf der lutherischen Agende I!) ist dabei keine Lösung, so wie das stete Weiterkochen von Großmutters Schmalzküche auch keine Lösung unserer Diät- und Ökologieprobleme sein kann; aber genausowenig ist der Run auf die Nouvelle Cuisine oder gar auf industriellen Schnellfraß ein Weg! Die überlegte eigene Entscheidung nimmt uns – in Küche wie in Kirche – niemand ab. Dies ist auch eine Folge der neuen Frauenbewegung...

c. Der Heilige Geist

Die feministische Theologie hat das große Verdienst, den Heiligen Geist, der nach Meinung orthodoxer Theologen in der westlichen Tradition der Kirche sowohl katholischer wie evangelischer Herkunft etwas hinter der Person des Sohnes zurücktritt, stärker ins Bewußtsein gehoben zu haben (was auch auf die aufkommende katholische Geisttheologie zutrifft). Der Heilige Geist ergießt sich nach der Prophezeiung Joels, Kap. 3 (Apg 2,17 ff), auf alle, auf Männer und Frauen. Er macht frei zu neuen Wegen. Er schenkt Mut und Phantasie. Die feministischen Theologinnen haben damit ernst gemacht.

Gleichzeitig ist der Geist die mütterliche oder schwesterliche Seite Gottes, die durch ihre Wärme und Liebe tröstet, die Menschen zur Gemeinschaft und zu sich selbst finden läßt. Darum wird der Geist gelegentlich auch weiblich vorgestellt, als heilige Geistin (Elisabeth Moltmann-Wendel). Dies legt sich nahe von dem weiblichen Symbol der Taube her und noch mehr auf Grund der Tatsache, daß das hebräische Wort für Geist (ruach) weiblich ist. Auch in manchen Randzonen des Christentums ist der Geist als weiblich vorgestellt, bei den Gnostikern, aber auch bei einigen ostkirchlichen Theologen, bei Mystikern und in gelegentlichen Äußerungen des Pietismus. Die ökumenische Studie „Die Gemeinschaft von Frauen und Männern in der Kirche" nimmt diese Gedanken auf, meint aber kritisch, „die weibliche Natur Gottes nur im Heiligen Geist zu finden, käme einer Verengung gleich"[26].

Der Geist ist „Feuer und Sturm"[27], der den Mut gibt, Altes zu verlassen und Verlorenes und Verschüttetes wieder zu suchen. Aber können feministische Theologinnen in der Kraft dieses Geistes alle sie hindernden und einengenden Aussagen – auch der Bibel (Elisabeth Moltmann-Wendel) – überspringen und sich anderen Bildern, Phantasien und Mythen zuwenden? Ist es wirklich schon ein Beweis für die Wirksamkeit des Heiligen Geistes, wenn

[26] Gemeinschaft, S. 152.
[27] Catharina Halkes, Gott hat nicht nur starke Söhne, S. 43.

in Gruppen Frauen neue Wärme, Sprachfähigkeit und Selbstfindung erfahren?
Sicher ist der Heilige Geist auch nach biblischem Zeugnis verbunden mit Freude, mit dem Finden der eigenen Identität, mit Ergriffenheit und Trance. Aber andererseits können solche Erfahrungen auch von menschlichem Egoismus verkehrt werden. Der Geist einer Gemeinschaft, die Be-Geisterung, die Ergriffenheit in sich können auch in ethisch zweifelhaften Gruppen herrschen, wie ein Blick z. B. auf das Dritte Reich lehrt.[28]
Nach dem Zeugnis des Neuen Testaments gehört der Geist eng und untrennbar mit Jesus zusammen (Joh 14,26; 1 Kor 13,3; 17). Ein Mensch, der im Glauben an Christus von diesem Geist erfaßt ist, zeigt nach Gal 5,22 die Frucht des Geistes, „Liebe, Freude, Friede, Geduld, Sanftmut, Selbstbeherrschung".
Auch die kritische Bemerkung von Jürgen Moltmann in seinem Dialogreferat in Sheffield 1981 gehört hierher: Kann der Geist, der von Gott, dem Schöpfer kommt und der deshalb als Fülle und Reichtum erfahren wird, vor dem gekreuzigten Christus bestehen? Bringt uns dieser Geist in die befreiende Gemeinschaft mit Jesus, in die Gemeinschaft der Liebe oder macht er eitel und machthungrig?[29] Darum hat es seinen guten Sinn, wenn die beiden großen westlichen Kirchen den Ursprung und die Wirkung des Geistes an das lebendige Offenbarungszeugnis der Kirche bzw. an „Wort und Sakrament" wie an Instrumente binden.[30]

d. Die Quellen des Glaubens, Schrift und Tradition

Die feministische Theologie ist einerseits außerordentlich kritisch gegenüber Schrift und Tradition, andererseits in ihren Argumenten intensiv auf beide bezogen. Selbst radikale Feministinnen

---

[28] S. dazu Wolfhart Pannenberg, Anthropologie in theologischer Perspektive, Göttingen 1983, S. 249, 290, 360f, 484.
[29] Gemeinschaft, S. 52.
[30] S. dazu von katholischer Seite: Karl Rahner, Art. Schriftverständnis, in: Lexikon für Theologie und Kirche, 1964, Band 9, S. 494–496; von evangelisch-lutherischer Seite: Augsburgische Konfession, Art. 5, in: Bekenntnisschriften der Evang.-Lutherischen Kirche, Göttingen 1967, S. 61.

kommen nicht völlig an der Bibel vorbei. Erst recht verstehen sich die Vertreterinnen der biblisch-befreiungstheologischen Richtung als Interpretinnen der Bibel und der auf sie aufbauenden Tradition der Kirche. Elisabeth Moltmann-Wendel meint, daß die Bibel schon in ihrer Entstehung patriarchalisch redigiert wurde und daß die kirchliche Tradition sie patriarchalisch rezipiert und ausgelegt hat. Daraus leiten feministische Theologinnen das Recht ab, bestimmte Aussagen in Bibel und Tradition hervorzuheben, andere abzulehnen, sie umzuinterpretieren, ihre Phantasie walten zu lassen oder gar über die Grenzen des Kanons hinaus auf Mythen und Legenden zurückzugreifen. Nun ist es sicher die Eigenart und das Recht jeder Theologie, in Schrift und Tradition bestimmte Akzente zu setzen, die Mitte des Kanons in ganz bestimmten Stellen zu sehen und andere an den Rand zu rücken. Die Theologie der Reformatoren mit ihrer Betonung der Paulusbriefe ist hierfür ein gutes Beispiel.

Aber gegenüber der feministischen Theologie und ihrem Umgang mit Schrift und Tradition stellen sich doch einige Fragen mit besonderer Deutlichkeit: Kann das eigene Bedürfnis, die eigene Erfahrung ausschließlich der einzige Anhaltspunkt für die Geltung oder Nicht-Geltung eines Textes sein? Kann ich mit Schrift und Tradition nur umgehen unter den Gesichtspunkten: Nützt oder schadet es den Frauen? Können Frauen sich damit identifizieren? Ist dies eine Frauen heilende Aussage? – Kann ich in diesem Bemühen über den biblischen Kanon und die Tradition hinausgreifen in die Legende und Mythologie? Können wir die Bibel uminterpretieren und umschreiben? Elisabeth Moltmann-Wendel beruft sich auf den letzten Seiten ihres Buches auf den/die Heilige(n) Geist(in) als Legitimation, um „aus der Bibel herauszuspringen"[31], sowie auf den hermeneutischen Grundsatz Martin Luthers, Mitte der Schrift sei, „was Christum treibet". Sie versteht dieses Prinzip mit der Befreiungstheologie als das, was Menschen, also auch Frauen, zu ihrer Menschenwürde, zu ihrer Gotteskindschaft verhilft. So einleuchtend dies klingt, so ist doch Luthers

---

[31] Elisabeth Moltmann-Wendel, Das Land, wo Milch und Honig fließt, S. 204.

Grundsatz gleich zweimal uminterpretiert, aus der Sicht der Befreiungstheologie und aus der der feministischen Theologie. Wird hier nicht die eigene Erfahrung, das eigene Bedürfnis mit Christus gleichgesetzt?

Uminterpretieren, auswählen, Texte zurückstellen oder bevorzugen, statt rein männlicher Ausdrücke weiblichen oder inklusiven Sprachgebrauch benützen – dies ist berechtigt für die patriarchale Rezeption und Auslegung von Schrift und Tradition. In ihrer aktuellen Verkündigung, in ihrer Liturgie und ihren Liedern sollten die Kirchen sich um eine Frauen einschließende Sprache bemühen, die weibliche Erfahrungen in gleicher Weise berücksichtigt. Die von den Feministinnen wiederentdeckte Unterseite der Geschichte in Mythen, Märchen, in der Kunst und in der Urgeschichte kann hier eine große Hilfe sein. Aber im Hinblick auf den Text der Bibel ist es wohl ein mühsamerer, jedoch mehr überzeugender Weg, wenn sich feministische Theologinnen auch mit frauenfeindlichen Texten unvoreingenommen auseinandersetzen. Dann werden sie vielleicht entdecken, daß diese ursprünglich gar nicht den Frauen einengenden oder ausschließenden Sinn hatten, den sie dann in ihrer Wirkungsgeschichte erhalten haben. Die feministische Kritik an der patriarchalisch redigierten Bibel sollte zwar nicht zu Textänderungen führen, aber durch sie wird die patriarchalische Wirkungsgeschichte vieler Gottesbilder und Aussagen bewußt und damit rückgängig gemacht (Beispiele dazu s.o. bei Luise Schottroff, S. 59). Für die Quellen des Glaubens sollten die Kirchen den nicht-patriarchalischen Charakter mancher Redeweise oder Gottesbezeichnung, wie Gott als Herr, Vater und König, deutlich machen.

Denn wenn auch diese nicht als Ausdruck männlicher Überlegenheit gemeint waren, sondern auf die befreiende Herrschaft Gottes/Christi hinweisen sollten, so sind sie doch später in der Kirche patriarchalisch verstanden worden. Weibliche Gottesbilder und biblische Frauengestalten, wie sie die feministische Theologie herausgestellt hat, sind hier unverzichtbare Wegweiser und Korrekturen. So ist die feministische Theologie – trotz der eben geäußerten kritischen Gesichtspunkte – ein wichtiger neuer Ansatz in der Hermeneutik, d.h. im Verständnis und in der Auslegung der Bibel. Aussagen wie die von der Gottebenbildlichkeit von Mann und Frau (Gen 1,27) und der Gleichheit und Einheit von Männern und Frauen in Christus (Gal 3,28) sind neu zum Leuchten gekommen. Frauengestalten in der Bibel und in der Kirchengeschichte wurden neu entdeckt. Die Bibel gewinnt mehr Farbe und Leben, wenn die weiblichen Bilder für das Verhalten Gottes bewußt gemacht werden, wenn wir einen Text nicht nur auf seine dogmatische Aussage hin hören, sondern ihn ganz menschlich – von dem Erleben der Betroffenen her – erfassen. Als Beispiel möchten wir auf Lk 13,10-17, die Erzählung von der gekrümmten Frau, hinweisen: Feministische Exegese denkt nicht in erster Linie an das Problem, daß Jesus durch seine Vollmacht das Sabbatgesetz bricht, was sich sonst in den Vordergrund schiebt, sondern an die Situation der Frau, die nach Jahren gebückter Haltung sich nun wieder aufrichten kann. Die befreiende Tat Jesu wird so ganz anders „hautnah".

e. Menschenbild

Das Menschenbild der feministischen Theologie ist vielfach von dem Ideal der Ganzheit bestimmt, von der Einheit von Materie und Geist, Gefühl und Verstand, Natur und Kultur, Dunkel und Hell. Nach der feministischen Interpretation hat dagegen das patriarchalische Denken mit seinen Unterscheidungen trennend und spaltend gewirkt: Verstand, Vernunft, Stärke, Tatkraft, Helligkeit wurden dem Mann zugeordnet, Materie, Natur, Gefühl, Dunkelheit und Schwäche der Frau.
Diese Aufspaltung hat aus der Sicht der feministischen Theologie zwei verhängnisvolle Folgen: Hell und Dunkel treten als Gut und Böse dualistisch auseinander. Dem guten Gott steht der Mensch gegenüber, der nicht nur einzelne Verfehlungen begeht, sondern in seinem ganzen Wesen Sünder ist. Heilung erfolgt nur durch die auf das Kreuz Jesu gegründete Vergebung Gottes – eine Lehre, die bei vielen Feministinnen auf offene oder verhaltene Kritik stößt. Die Vorstellung der allgemeinen Sündenverfallenheit der Men-

schen ist für sie lebensfeindlich, läßt am Guten im Menschen zweifeln, macht daher untätig und läßt den Menschen unmündig sein vor dem autoritären, patriarchalischen Gott. Die andere Folge des patriarchalischen Trennungsdenkens ist für die feministische Theologie die verhängnisvolle Begriffskette Frau – Körper – Natur – Sünde. Die Sünde wird hier mit der Sexualität eng in Zusammenhang gebracht, und die Frau wird zur besonderen Trägerin der Sünde. Sie ist als Nachfolgerin der ungehorsamen Eva (Gen 3; s.a. 1 Tim 2,14) diejenige, die den Mann verführt.

Psychologisch betrachtet hat der Mann alle Seiten, die er selbst bei sich als dunkel und irrational empfindet, verdrängt und auf die Frau projiziert. Der Sündenbegriff ist ihm dafür ein willkommenes Vehikel.

Bei der eigentlichen inhaltlichen Interpretation der Sünde sehen manche feministischen Theologinnen Frauen sozusagen unmittelbarer zu Gott bzw. zu Jesus als die Männer. Diese haben es nötig, ein nicht gelingendes Gottesverhältnis mit einem allgemeinen Schuldgefühl zu kompensieren (Elisabeth Moltmann-Wendel). Die großen Sünden der Menschheit gehen zumeist auf das Konto von Männern. Eine andere Sicht (Rosemary Radford Ruether) versteht die Sünde als Beziehungsstörung, die ihren Ursprung in dem gestörten Verhältnis der Geschlechter zueinander hat. Oder aber Sünde ist nur konkrete Aktualsünde, nicht ein allgemeines Schuldgefühl (Luise Schottroff). Fehlt – wie bei den religionspsychologisch orientierten Autorinnen – Gott als personales Gegenüber, dann entfällt eigentlich auch die Sünde oder sie ist höchstens ein Verfehlen der der Natur innewohnenden Weisheit (Gerda Weiler). Das Kreuz Jesu ist als Zeichen des Gerichtes über die Sünde ärgerlich und wird gern zum Lebensbaum umstilisiert.

Die feministische Theologie hat zunächst die große Bedeutung, den Zusammenhang von Sünde und Sexualität aufzulösen und für eine positive Wertung der Sexualität als Gabe der Schöpfung einzutreten. Im Gegensatz zu aller Leibfeindlichkeit entspricht solch eine positive Wertung des Leibes und der Sexualität, wie sie die feministische Theologie neben anderen theologischen Entwürfen vertritt, dem Zeugnis der Schrift.

Auch das ganzheitliche Menschenbild der feministischen Theologie findet seinen Anhaltspunkt an der Bibel, besonders am Alten Testament, wo der Mensch als Ganzer Fleisch oder Seele oder Geist ist. Erst die von der Kirche, teilweise schon im Neuen Testament aufgenommene griechische Gedankenwelt hat zu einem dualistischen Menschenbild, zur Aufspaltung in Materie/Körper und Geist geführt. Dieses Unterscheidungsdenken hat zweifellos die abendländische Welt zu Höchstleistungen beflügelt, aber andererseits auch zu einer verhängnisvollen Schizophrenie zwischen Wissenschaft und Ethik bis hin zur Entwicklung atomarer Massenvernichtungswaffen oder zur Entwicklung umweltzerstörender Technologien geführt. Das ganzheitliche Menschenbild der feministischen Theologie, das auch in den kirchlichen Äußerungen als Gemeinschaft von Frauen und Männern zur Sprache kommt, ist demgegenüber ein wichtiger Beitrag zur christlichen Anthropologie und Ethik. Kritisch anzumerken ist, daß neben einem solchen Streben nach Ganzheitlichkeit doch die klare Unterscheidung der verschiedenen Begriffe, Ebenen und Methoden auch ihr Recht haben muß, wenn theologisches, auch feministisches Denken vermittelbar bleiben will.

Was das Sündenverständnis der feministischen Theologie anlangt, so fragt es sich, ob hier nicht nach 1 Kor 1,18 das Kreuz zum echten Ärgernis und Anstoß geworden ist. Sicher soll die Botschaft von Gottes rettender Tat im Kreuz Menschen nicht zur Untätigkeit und zum ständigen Schuldbewußtsein, zu einer sado-masochistischen Grundhaltung, wie manche Feministinnen sich ausdrücken, erziehen. Aber das Ernstnehmen Gottes als des unbedingten Gegenübers, als Transzendenz aller menschlichen Verhältnisse muß auch ernstmachen damit, daß bei jedem Menschen von Anfang an ein tiefes, grundlegendes Nein zu der Unbedingtheit dieses Gottes steht. Hier liegt die Berechtigung der Lehre von der Erbsünde, wobei übrigens die Tradition beider Kirchen die Quelle der Erbsünde, die, „concupiscentia" nicht sexuell, sondern als eine alles durchdringende Eigensucht versteht.

So sehr es zu begrüßen ist, daß die feministische Theologie auf die gute Schöpfung hinweist und damit vor allem für die Frauen ernstmacht, so muß doch auch zu kritisieren sein, daß die Tatsache der gefallenen Schöpfung gern übersehen wird. Dies gilt auch für die Beurteilung der Vergangenheit, selbst unter der Annahme, daß es Zeiten matriarchaler Gesellschaftsformen gab.

Schlußüberlegungen

Feministische Theologie – ja oder nein? Verfälschung oder Ausdruck des christlichen Glaubens? Trotz aller hier angemeldeten Kritik und vieler offener Fragen ist diese Theologie eine bereichernde und nötige Spielart von Theologie überhaupt. Sie ist eine ökumenische Basisbewegung, die in beiden Kirchen das Anliegen der immer aktiver werdenden Frauen vertritt und eine neue, ganzheitliche Spiritualität ermöglicht. Sie führt zu Neuentdeckungen in der Bibel und in der Kirchengeschichte, holt längst vergessene Gestalten und Vorstellungen hervor und entwickelt anhand weiblicher Gottesbilder in der Bibel ein neues Reden von Gott. In der Hermeneutik, der Methode der Schriftauslegung, stellt die feministische Theologie neu die Frage nach dem Zusammenhang zwischen dem Zeugnis der Schrift und der eigenen Erfahrung. Im Hinblick auf die christliche Lehre hebt die feministische Theologie vor allem das Gutsein von Gottes Schöpfung hervor und gibt der Phantasie und dem Gefühl einen gleichberechtigten Platz neben rationaler Argumentation.
Jedoch ist gegenüber allen Bestrebungen, ein „frauenidentifiziertes" Gottesbild zu entwerfen und alle anderen Gottesbezeichnungen daran zu messen, festzuhalten: Ausgangspunkt aller Theologie ist die Selbsterschließung Gottes in Jesus Christus und seinem Wort. Vor allem menschlichen Reden von Gott steht das Reden, das Wort Gottes selbst. Erst dies macht unser theologisches Reden und kirchliches Handeln möglich.
Aber dieses Reden und Handeln darf – in Entsprechung zu der Menschwerdung Jesu und zu den von Jesus gebrauchten menschlichen Gleichnissen aus der Welt von Frauen und Männern – sich der Bilder und Erfahrungen nicht nur von Männern, sondern auch von Frauen bedienen. Die Kirche als Gemeinschaft der Heiligen zu allen Zeiten und an allen Orten dieser Welt ist nur halb vorhanden, wenn sie die Frauen, die jetzt lebenden und die Frau-

en, die in der Geschichte der Kirche hervorgetreten sind, unsichtbar sein läßt. Das Verhalten Jesu gegenüber Frauen und das alte Taufbekenntnis von Gal 3,28 machen die gleiche Teilnahme von Frau und Mann am Leib Christi zum Strukturprinzip der christlichen Gemeinde. So gesehen, ist die feministische Theologie nicht nur für die Frauen wichtig, sondern auch für die Männer – für die ganze Kirche.

Literaturverzeichnis

Monika Barz, Herta Leistner, Ute Wild (Hg.), Hättest Du gedacht, daß wir so viele sind? Lesbische Frauen in der Kirche. Mit einem Vorwort von Marga Buhrig und Else Kähler, Stuttgart 1987

Wolfgang Beinert (Hg.), Frauenbefreiung und Kirche, Regensburg 1987

ders., Maria in der feministischen Theologie. Kleine Schriften des Internationalen Mariologischen Arbeitskreises, Kevelaer 1988

Marga Bührig, Die unsichtbare Frau und der Gott der Väter – Eine Einführung in die feministische Theologie, Stuttgart 1987

Mary Daly, Jenseits von Gottvater, Sohn und Co. Aufbruch zu einer Philosophie der Frauenbefreiung, aus dem Amerikanischen von Marianne Reppekus, München 1980

dies., Gyn/Ökologie. Eine Metaethik des radikalen Feminismus, aus dem Amerikanischen von Erika Wisselinck, München 1981

Die Frau in Familie, Kirche und Gesellschaft. Eine Studie zum gemeinsamen Leben von Mann und Frau, vorgelegt von einem Ausschuß der Evangelischen Kirche in Deutschland, Gütersloh 1980

Wir sind keine Fremdlinge mehr. Frauen halten Gottesdienst. Ein Werkstattbuch, Genf 1980

Die Gemeinschaft von Frauen und Männern in der Kirche. Synode der Evangelischen Kirche in Deutschland, Gütersloh 1990

Elisabeth Gößmann, Die streitbaren Schwestern. Was will die feministische Theologie?, Freiburg, Basel, Wien, 1981

Catharina J. M. Halkes, Gott hat nicht nur starke Söhne. Grundzüge einer feministischen Theologie, Gütersloh 1980

dies., Suchen, was verloren ging. Beiträge zur feministischen Theologie, Gütersloh 1980

Susanne Heine, Frauen der frühen Christenheit. Zur historischen Kritik einer feministischen Theologie, Gütersloh 1985

dies., Wiederbelebung der Göttinnen? Zur systematischen Kritik einer feministischen Theologie, Göttingen 1987

Carter Heyward, Und sie rührte sein Kleid an. Eine feministische Theologie der Beziehung. Mit einer Einleitung von Dorothee Sölle, Stuttgart 1986

Maria Kassel (Hg.), Feministische Theologie. Perspektiven zur Orientierung, Stuttgart ²1988

Hedwig Meyer-Wilmes, Rebellion auf der Grenze. Ortsbestimmung feministischer Theologie. Reihe frauenforum, Freiburg, Basel, Wien 1990

Virginia Mollenkott, Gott eine Frau? Vergessene Gottesbilder der Bibel. Mit einem Nachwort von Elisabeth Moltmann-Wendel. Aus dem Englischen übertragen von Christa Maria Knircke, München 1984

Elisabeth Moltmann-Wendel, Ein eigener Mensch. Frauen um Jesus, Gütersloh 1984

dies., Das Land, wo Milch und Honig fließt. Perspektiven einer feministischen Theologie, Gütersloh 1985

Elisabeth Moltmann-Wendel, Hans Küng, Jürgen Moltmann, (Hg.), Was geht uns Maria an?, Gütersloh 1988

Christa Mulack, Die Weiblichkeit Gottes. Matriarchale Voraussetzungen des Gottesbildes, Stuttgart 1983

dies., Jesus – der Gesalbte der Frauen. Weiblichkeit als Grundlage christlicher Ethik, Stuttgart 1987

dies., Im Anfang war die Weisheit. Feministische Kritik des männlichen Gottesbildes, Stuttgart 1988

Constance F. Parvey (Hg.), Die Gemeinschaft von Frauen und Männern in der Kirche. Der Sheffield-Report, Neukirchen-Vluyn 1985

Rosemary Radford Ruether, Sexismus und die Rede von Gott. Schritte zu einer anderen Theologie, Gütersloh 1985

dies., Unsere Wunden heilen, unsere Befreiung feiern. Rituale in der Frauenkirche, aus dem Amerikanischen übersetzt von Olga Rinne, Stuttgart 1988

Christine Schaumberger, Monika Maaßen, (Hg.), Handbuch feministischer Theologie, Münster 1986

Luise Schottroff, Frauen in der Nachfolge Jesu in neutestamentlicher Zeit in: Willy Schottroff und Wolf Stegemann (Hg.), Traditionen der Befreiung. Sozialgeschichtliche Bibelauslegung, Bd. 2, Frauen in der Bibel, München, Gelnhausen, Berlin, Stein 1980

Luise Schottroff, Dorothee Sölle, Bärbel v. Wartenberg-Potter, Das Kreuz – Baum des Lebens, Stuttgart 1987

Elisabeth Schüssler Fiorenza, Zu ihrem Gedächtnis. Eine feministisch-theologische Rekonstruktion der christlichen Ursprünge. Aus dem amerikanischen Englisch übersetzt von Christine Schaumberger, München, Mainz 1988

dies., Brot statt Steine. Die Herausforderung einer feministischen Interpretation der Bibel. Aus dem Englischen übersetzt von Karel Hermann. Von der Autorin durchgesehene Übersetzung, Freiburg / Schweiz 1988

Dorothee Sölle, Lieben und arbeiten. Eine Theologie der Schöpfung, Stuttgart 1985

Elga Sorge, Religion und Frau. Weibliche Spiritualität im Christentum, Stuttgart, Berlin, Köln, Mainz ^{5}1988

Jutta Voss, Das Schwarzmondtabu. Die kultische Bedeutung des weiblichen Zyklus, Stuttgart 1988

Gerda Weiler, Das Matriarchat im Alten Testament, Stuttgart, Berlin, Köln 1989

Erika Wisselinck, Hexen. Warum wir so wenig von ihrer Geschichte erfahren und was davon auch noch falsch ist, München 1986

Hildegunde Wöller, Ein Traum von Christus. In der Seele geboren, im Geist erkannt, Stuttgart 1987

Bibelstellenregister

		Seite			Seite
Gen	1,27b	17f, 136	Hos	2,21	127
	3	55, 137		11	126
	8,22	94	Joel	3	19,132
	12,10	90			
	13	90	Mt	5,45	68
	30,14-17	90		11,25-30	69
	35,16ff	90		16,15	127
Ex	3,14	94	Mk	5,3f	67
	29,4-5	75		5,24ff	67
	31,4	75		10,45	67
	32,1-6	90		14,3-9	56
Lev	15,19ff	67		15,40f	31
	18,22	114		16,8	70
	20,13	114	Lk	1,38	107
Dtn	14,8	103		1,46ff	107
Ri		90		2,11-52	130
				7,36ff	67
1 Sam		90		8,1-3	67
	8	74		13,10-17	108, 136
	11ff	91		13,18-21	75
	18,20ff	91		13,31-33	75
	25	91		15,1-10	75
1 Kön	1	91		15,11-32	103
	12,28-30	90	Joh	11,19ff	67
	19,11ff	94		11,27	127
2 Kön	22,14	31		14,26	133
Ijob		89		20,17	130
Spr		91	Apg	2,17ff	19, 132
Koh		91	Röm	1,26f	114f
Hld		91, 94f, 127		16,1.7	31
Weish	7ff	69	1 Kor	1,18	138
Jes	11,6-9	54		1,18-26	69
	65,4	103		11,2-16	59,115
	66,17	103		11,3.7	74
Jer	44,15	88		13,3.17	133
				14,3ff	24, 67
				14,34	59

		Seite			Seite
Gal	3,28	17, 136; 141, u.ö.	1 Tim	2,12-15	24
	5,11	129		2,14	137
	5,22	133	Tit	2,5f	59
Phil	2	75	1 Joh	1,8	105

Namensregister

Abigail 91
Abisag von Sunem 91
Abraham 90
Albrecht, Ruth 48
Anat 86
Anselm von Canterbury 19
Aschera 86

Baal 86, 89
Badinter, Elisabeth 30
Bath-Seba 91
Brooten, Bernadette 114

Chicago, Judy 48

David 90
Deborah 36
Drewermann, Eugen 110

Esther 36
Eva 100, 112, 123, 137

Feuerbach, Ludwig 94, 119, 126

Göttner-Abendroth, Heide 118

Hildegard von Bingen 49f
Honegger, Claudia 52
Hulda, Prophetin 31

Inana 86, 100
Isis 86

Jahwe 89, 94
Jensen, Anne 120 Anm. 10
Jung, C.G. 79, 121ff
Junia, Apostelin 31

Kähler, Else 59 Anm. 42
Katharina von Siena 36

Lancelle-Tullius, Helga 35
Lea 90
Lilith 86, 100
Luther, Martin 134

Ma'at 85
Maria aus Magdala 31, 36, 67, 130
Martha 67, 127
Michal 91
Moltmann, Jürgen 133

Pannenberg, Wolfhart 112, 133 Anm. 28
Paulsen, Anna 59 Anm. 42
Phoebe 31, 36
Pissarek-Hudelist, Herlinde 111
Plaskow, Judith 57
Priscilla 36

Rahel 90

Sarah 35, 90
Syrophönizierin 67

Teresa von Avila 36

von Wartenberg-Potter, Bärbel 62 Anm. 50
Wild, Ute 115
Wisselinck, Erika 51 Anm. 29 u. 31, 76 Anm. 81, 121 Anm. 14
Wolff, Hanna 122

Sachregister

Abendmahl, feministisches 42f
Antijudaismus
  in der feministischen Theologie 57, 83, 100, 127
  — in der christlichen Theologie 60f
Augsburger Konfession 37, 131, 133 Anm. 30
Autonomie 10, 108

Befreiungstheologie 53, 56
  — Feministische Theologie als Befreiungstheologie 64
Bilderverbot 75, 96, 119
Bio-Code 101ff

Dreieinigkeit, weibliche Seite der 47
Dualismus 55, 65, 136, 138

Ehe und Familie 17
EKD-Beschluß von 1989 20
EKD-Studie von 1979 19
Erbsünde 138
Exorzismus 42, 43

Frauenarbeit 60, 99
Frauenbewegung 9, 10, 11, 12, 26, 50
Frauenforschung 48
Frauenkirche, „Ekklesia der Frauen" 29, 41, 43, 58
Frauenordination 15, 23–26
Frauenreferat 15
Frauenrequiem 51
Frauenschleier 59
Frauenselbsthilfegruppen 10
Füßeeinbinden 77

Gebira (Königinmutter) 91
Gottebenbildlichkeit 17, 22, 50, 136
Gottesbild, männliches 32, 125
Gottesbilder, weibliche 46ff

Göttin, auch (weibliche) Gottheit 33, 37, 58, 68f, 77, 82, 84f, u. ö.
  — Schweine-Göttin 103
Gottesnamen: 33
  — „Herr" 34, 75, 135
  — „Vater" 62, 69, 75, 93f., 119, 135
  — „Jahwe" 89
  — „König" 135
Gynäkologie 77, 104

Heilige Hochzeit 85, 90, 97, 101
Hermeneutik, feministische 56ff, 120, 133ff
Hexenverfolgung 50
Himmelskönigin 88ff, 109f
Homosexualität s. Lesben

Klitorisbeschneidung 77
Kodex des kanonischen Rechts 25
Kreuz 78, 82f, 98, 124, 133, 136, 138
Kult 87, 89

Leitungsfunktionen (der Urgemeinde), Frauen in 18, 57
Lesben 113ff

Magnifikat 107, 109
Matriarchat 55, 83ff, 118, 139
Menstruation 100ff
Mondphasen 101
Mutter, göttliche 44, 75, 87
Mythos 101, 119f, 134f
  — matriarchaler 85ff

Ökumenischer Rat der Kirchen (s.a. Weltkirchenrat) 17

Patriarchat 86ff, 102f, 139
Priesterin 90
Rechtfertigungslehre 20, 68, 78
Reich Gottes 54
Religion, matriarchale 83, 84, 86, 92, 101, 124

147

Revolution, sexuelle 9, 10
Rituale, feministische 41 ff, 131
Ruach 69, 132

Sabbat 38
Sexismus 73
Shekinah 69, 75
Sophia 58, 69, 74, 96, 98
Spiritualität 18, 140
Sprache, inklusive 17
Sprache, androzentische 30 f
Subjektivität 10, 11
Sünde 69, 73, 76, 105, 137
Symbol 113, 123 f
Schweigegebot 59, 67
Schwesterlichkeit 10, 11

Tanz im Gottesdienst 38 ff, 131
Taufe, feministische 41
Tiefenpsychologie 121 ff
Transzendenz Gottes 39, 47, 94, 138

Vancouver (Vollversammlung des ÖRK von 1983) 16, 17, 18
Vatergott s. Gottesnamen
Vatikanum II 21, 23
Vergewaltigung 10, 43-45

Weltbild, zyklisches 104
Wiedergeburt 97, 102
Witwenverbrennung 77
Wort (Gottes) 131, 140